게임체인저
미래차가 온다

이우종 지음

자동차맨 이우종이 알려주는
미래차의 모든 것

게임체인저
미래차가 온다

클라우드나인

프롤로그

40여 년을 자동차에 올인하다

　40여 년의 직장생활을 자동차 분야에만 종사하였다. 1979년에 대학을 졸업하고 대우자동차에 입사하여 2019년에 LG전자 자동차부품 사업본부를 떠날 때까지다. 사명감으로 무장하여 자동차에 뜻을 갖고 시작한 것도 아닌데 이상하다 느껴질 정도로 자동차 산업에 빨려 들어갔다. 미시간대학교에서 컴퓨터 활용 설계·제조CAD·CAM로 박사학위를 받았는데 최대 응용 분야가 자동차 산업이었다. 그러다 보니 이래저래 자동차에 올인하는 인생이 되었다.
　내가 결정적으로 자동차맨으로 각인된 계기는 대우자동차 시절에 맡은 중형차 레간자 프로그램 매니저 역할 때문이다. 미친 듯이 일했다. 임무도 막중하였지만 적성에도 맞는 것 같았다. 더욱이 동료들의 헌신적인 참여에 대한 책임감으로 보람차고 재미있게 일했다. 그러면서 자동차 산업은 시장에서 냉엄하게 고객의 평가를 받지만 도전적이고 솔직하다는 것을 알게 되었다. 고객은 큰돈을 들여 사는 가장 큰 동산動産이기에 판단을 신중하게 할 수밖에 없다. 더욱이 움직이면서 온갖 환경을 마주하며 생명을 담보하는 제품이기에 기술력, 상품력, 그리고 투자 규모가 확연히 차이 난다. 자동차 산업은 아무나 넘볼 수 없는 선이 굵은 매력적인 영역이다.

나는 자동차 제조사인 대우자동차에서 22년, 소프트웨어 중심 회사인 LG CNS에서 6년, 자동차 엔지니어링 용역 전문회사인 V-ENS에서 6년, 그리고 IT 제품이 주력인 LG전자에서 마지막 6년을 일하였다. 줄곧 자동차 산업에 발을 붙이고 있었다. 희한하지 않은가? 미래 자동차는 소프트웨어가 중심이 되고 IT 제품 적용이 핵심이 되지 않는가? 나의 이력 자체가 자동차의 변천사와 같지 않은가? 그래서 변화 상황을 자동차 제조사 입장에서도, 부품사 입장에서도, IT 기업 입장에서도, 소프트웨어 회사 입장에서도 이해하고 대처할 수 있었다. 여담이지만 고객과 얼굴을 마주하고 해결책을 빠르게 내리려는 세계화 현장경영에 익숙하다 보니 잦은 출장으로 비행기 마일리지가 400만 마일리지가 될 정도로 곳곳을 돌아다녔다. 전 세계 어디든 자동차를 만드는 곳이나 관심이 가는 곳이라면 찾아다니면서 각양각색의 고객 입장을 경청하는 소위 '마당발 경영'을 하였다.

최근 자동차 산업은 1903년 포드사가 대량생산을 시작한 이래 그 어느 때보다 심각한 변화를 맞이하고 있다. 자동차가 등장하고 나서 불과 10여 년 만에 마차가 사라진 변화와 비견되고 있다. 미래 자동차를 향한 변화는 CASE, 곧 연결성Connectivity, 자율화Autonomous, 공유화Sharing, 전동화Electrification로 요약된다. 나는 이러한 변화를 40여 년 가까이 현장에서 겪었다. 또한 최근까지 현장에서 사업을 진두지휘하면서 세계 곳곳에 있는 거의 모든 자동차 회사를 상대한 경험도 갖게 되었다. 그래서 이 책을 쓸 수 있었다. 너무나도 중요한 시기에 우리의 전략과 실행 하나하나가 갖는 민감도가 매우 크다.

　미래차로 달라진 세상을 함께 생각해보자. 테슬라나 리비안과 같은 신생 회사가 제너럴모터스나 포드와 어깨를 나란히 하며 경쟁하는 세상 아닌가. 전기차 시대가 오면 내연기관차에 사용하던 부품 3분의 1가량이 필요치 않게 된다. 그럼 자동차 부품 산업이 당연히 큰 폭으로 재편되지 않을까? 애플도 자동차 산업에 들어온다고 한다. 애플이 지금까지 존재했던 내연기관차를 만들려고 들어오지는 않을 것이다. 그들은 핸드폰 사업에서 경험한 IT 기술과 사용자 편의성 노하우로 무장한 미래차의 모습을 제시하지는 않을까? 완전자율주행 무인 자동차가 과연 상용화가 가능한 것일까? 우리는 이러한 끝도 없는 의문과 혼돈이 존재하는 대전환기의 한가운데에 서 있다. 과연 우리에게는 이 전환기가 기회일까 위기일까?

　이 책은 크게 5개의 장으로 구성되어 있다. 1장은 자동차 산업의 격변이 이루어지는 변화의 중심에 전동화가 있음을 분명히 하고 왜 전기차가 대세가 되었는가에 대한 견해를 피력하였다. 아울러 전동화와 연관된 수소차, 배터리, 초소형 모빌리티, 보조금 등에 대해서도 의견을 개진하였다. 2장은 자율주행에 대한 제약과 해결책에 이어 나아갈 방향을 제시하였다. 그리고 자율자동차를 개발하면서 느낀 점과 차량의 연결화와 인포테인먼트 사업의 경쟁력을 정의하고 개발력의 지향점을 살펴보았다. 미래차의 핵심은 소프트웨어에 있다. 이를 통해 운전과 승차에 대한 새로운 경험을 제공한다. 그런데 더는 '미래'라는 수식어가 필요하지 않을 만큼 우리 곁에 바짝 다가왔음을 주목하였다. 3장은 최근에 떠오른 자동차 산업의 이슈들에 대한 견해를 담았다. 애플의 진출, 코로나의 영향, 차량용 반도체의 부족, 쌍용차 인수합병 등이 그것들이다. 그리고 자동차 산업의 변화가 갖는 공통적 특징을 규정하고 조직 문화의 변화를 제안하였다. 4장은 미래차를 효과적으로 대응하기 위해서 조직이 잊지 않고 갖추어야 할 필수 역량을 짚어보았다. 5장은 국가 차원의 제안으로 한국공학한림원에서 수행한 하이퍼 플리트 모빌리티 HFM, Hyper Fleet Mobility 프로젝트를 기술하였다. 그리고 에필로그에서는 내가 참여한 자동차 중 대표적인 작품인 대우자동차의 레간자와 제너럴모터스의 볼트 Bolt 이야기, 엔지니어링 아웃소싱 업체였던 V-ENS 사업에 대한 경험담을 담았다.

각 장은 내용이 독립적이라서 필요 부분만 발췌해 읽더라도 무리가 없다. 대부분의 글은 신문이나 인터넷에 기고한 글이거나 LG전자 사장 시절 본부 직원에게 보낸 글이다. 시간이 좀 지난 글은 이 책을 준비하던 2022년 1월 기준에 맞춰 다소 손을 보았고 추가할 내용은 글 끝에 별도로 덧붙였다.

아무쪼록 이 책이 미래차로의 변화에 선도적으로 대응하는 데 필요한 식견을 얻는 데 도움이 되었으면 한다. 그리고 내 평생 몸담아 온 국내 자동차 산업이 지속해서 글로벌하게 승승장구할 수 있기를 소망하여 본다.

2022년 3월
이우종

들어가며

미래는 전기차가 만들어간다

　세계 자동차 시장은 2018년 9,400만 대, 2019년에는 9,000만 대를 판매하면서 1억 대 판매 시대를 여는 듯했다. 그러나 2020년 초부터 휘몰아친 코로나 팬데믹으로 수요가 급감하더니 2020년에는 7,800만 대, 2021년에는 다소 회복하여 8,100만 대가 팔렸다. 이렇듯 침체한 자동차 시장에서 그래도 가장 눈에 띄는 변화는 순수 전기차BEV, Battery Electric Vehicle의 약진이다. 2020년과 2021년을 보면 각각 전년 대비 25퍼센트, 112퍼센트의 성장을 기록하였다. 2021년은 472만 대의 순수 전기차가 팔려 점유율이 5.8퍼센트였다. 특히 중국과 유럽에서의 증가세가 뚜렷하였는데 각각 272만 대, 128만 대의 판매고를 올렸다. 미국과 한국에서는 각각 50만 대, 10만여 대가 판매되었다. 그러나 전체 자동차의 등록 상태에서 살펴보면 아직도 순수 전기차는 유아 상태임이 분명하다. 우리나라에서만 보면 2021년 말 기준으로 순수 전기차는 아직도 등록대수 기준으로 23만 대 수준으로 총 등록대수 2,500만 대의 1퍼센트에도 못 미치고 있다. 이는 하이브리드 차량의 4분의 1 수준밖에 안 된다.

그런데 전 세계 판매량에서 이제 5퍼센트를 갓 넘긴 순수 전기차에 대한 시장의 반응과 제조사들의 입장은 매우 드라마틱하다. 신생 순수 전기차 제조사인 테슬라의 시가총액이 제너럴모터스GM와 포드를 능가하고 도요타와 경쟁하고 있으니 말이다. 그만큼 시장에서는 순수 전기차의 미래를 밝게 보고 있다는 생생한 증거이다. 선진 자동차 제조사의 미래 청사진은 이를 더욱 증폭하고 있다. 미국 제너럴모터스는 2035년 이후 내연기관 차량 생산과 판매를 중단한다고 선언했다. 독일의 폭스바겐은 2028년까지 순수 전기차 70종을 생산하겠다고 발표하였다. 현대자동차그룹은 2025년 이후 제네시스 신모델을 모두 전기차로 하겠다고 했다. 도요타도 2030년 렉서스 전 모델을 순수 전기차로 만들어 100만 대를 판매한다고 발표하였다. 이제 자동차 회사들은 순수 전기차에 대한 청사진 없는 투자유치설명회IR가 불가능한 지경에 이르렀다.

순수 전기차는 거스를 수 없는 대세가 되었다. 이 책은 어떻게 대세가 되어왔는가에 질문에 대한 설명과 분석으로 시작한다. 또한 순수 전기차와 비교되는 수소차의 한계와 응용 가능성도 함께 다루었다. 아울러 순수 전기차 성장의 동력이 된 배터리와 관련한 자동차사들의 동향을 살펴보기 위해 비교적 최근에 이루어진 테슬라와 폭스바겐의 이벤트 행사를 분석하였다. 또한 우리나라 배터리 산업의 경쟁력도 들여다보았다.

가솔린차 내지는 경유차 같은 내연기관차에서 차량 구동의 핵심이 엔진이었다면 순수 전기차에서는 구동은 모터로 하고 이에 필요한 전기는 배터리에 담았다 사용하는 전동화Electrification가 핵심이다. 따라서 내연기관차에서는 볼 수 없었던 가능성을 활짝 열어놓았다. 무엇보다 경쟁력의 핵심이 하드웨어에서 소프트웨어로 옮겨졌다. 물론 이러한 움직임이 반드시 순수 전기차 때문만은 아닐지도 모른다. 그래도 차량 개발에서 가장 큰 난관이고 차별화의 중심이었던 엔진이 사라지자 새롭게 등장한 핵심 경쟁력이 소프트웨어가 되었다.

이제 자동차는 움직이는 전자제품이라 부를 수 있다. 차량 반도체 부족 사태는 이러한 변화의 추세를 일반인도 피부로 느낄 수 있게 해주었다. 차량의 소프트웨어 의존도가 증가할수록 반도체에 대한 의존도도 증가할 수밖에 없고 이러한 자동차 산업의 급격한 변화가 반도체 공급망에 차질을 초래한 것이다. 또 다른 예는 라스베이거스에서 열리는 세계 최대 가전쇼인 국제전자제품박람회 CES가 마치 모터쇼와 같이 변모한 것이다. 여기서 보여주는 자동차의 미래는 스마트폰과 같이 통신이 쉽고 사용자 편의성이 남다른 '스마트카'이다. 한 발짝 더 나아가 각종 센서를 통해 주변 상황 데이터를 인식하고 인공지능 기법을 통해 판단하고 제어하는 '로봇카'도 등장하였다. 바로 자율주행차이다. 전기차와 함께 가는 미래차의 모습은 스마트카와 로봇카와 같이 소프트웨어를 중심으로 구동되는 차량인 SDV Software Defined Vehicle이다.

순수 전기차, 자율주행차, 스마트카 내지는 SDV와 같은 미래차에 대한 대변화는 최근 몇 년간에 급진전하였기에 여러 이슈와 새로운 바람을 일으키고 있다. 이 책에서 먼저 애플카와 차량용 반도체 부족 사태 등 몇몇 이슈를 살펴보았다. 이러한 이슈에서 알 수 있듯이 자동차 산업도 이제 IT 기술 산업과 경쟁해야 한다. 미래차의 핵심으로 떠오른 배터리, 소프트웨어, 반도체, 통신 등은 자동차사가 그동안 지켜온 고유의 강세 영역이 아니기 때문이다. 자동차 회사는 주도권을 갖지 못한 영역에서, 그것도 익숙하지 않은 빠른 사이클의 기술 변화에 자신의 힘만으로 대처하기에는 역부족임을 통감하고 있다. 따라서 협업을 통해 발 빠르게 대처하는 조직문화의 수용이 절실하다.

내가 경험한 자동차 산업의 조직문화는 대부분 일사불란을 강조하는 수직적 조직문화였다. 비단 우리나라만이 아니다. 내가 경험한 외국 자동차 회사들도 이러한 특징의 조직문화가 팽배하였다. 그런데 이제는 변해야만 한다. 미래차에 효율적으로 대처하려면 혁신이 절실하다. 아마도 이점을 강조하는 데는 나의 경험이 크게 작용하였다. 과거 대우자동차에서 소프트웨어 중심의 회사인 LG CNS로 전직하면서 느꼈던 문화 충격이 여전히 생생하다. 나는 개인적으로 미래차의 모습은 IT 기술 산업에서 축적된 유연한 조직문화를 따를 것이라고 확신한다. 조직문화의 근본적 변화가 필요하다. 그렇지 않고서 미래차 분야에서 기회를 선점하려는 혁신은 불가할 것이고 우수 인재의 유치도 어려울 것이다.

또한 미래차 사업 분야에서 남보다 조금 앞서 경험한 나의 체험에 기초하여 조직이 갖추어야 할 여러 역량도 살펴보았다. 미래차 사업을 준비하거나 기존 사업의 전환을 모색하는 분은 이 책에서 번뜩이는 힌트를 얻을 수 있길 바란다. 사업 전개나 역량 구축에 대한 해법을 고민하는 분은 책 곳곳에서 숨은 인사이트를 찾을 수 있길 바란다. 고민한 만큼 보인다. 특히 '자동차 산업의 리듬에 맞춘 기술 개발'이라는 글은 미래차 사업에 처음 진출하는 경영자라면 필독을 권한다. 여기서 언급하는 역량에 관한 글들은 2013년 7월 LG전자 자동차부품 사업본부로 새롭게 탄생한 신생 조직의 수장으로서 구성원의 주의를 촉구하며 변화에 동참하기를 호소하는 마음에서 쓴 글들이다. 비단 미래차를 준비하는 조직에만 해당하는 내용이 아니라 제조업 전반에 필요한 기본 역량들이다. 모든 진리는 기본에 충실해야 한다는 것으로 연결된다. 기능 안전Functional Safety, 자기완결형 품질보증BIQS, Built-in Quality System, 동시공학Concurrent Engineering, 무시작차 제조Prototype-less Manufacturing, 검증과 확인Validation & Verification, 디자인, 인재 육성, B2B 사업 전개 노하우 등 되새겨야 할 역량이라는 점에서 각각의 글을 읽기를 권한다.

미래차는 모빌리티 서비스 사업과도 연계되어 있다. 새로운 모빌리티 서비스 사업을 국가적 차원에서 어떻게 이끌까에 대한 방안을 제시하였다. 국민의 모빌리티 자유도와 편의성을 높이기 위해 가용한 기술을 어떻게 시스템에 담을 것인가를 고민하였다. 생활의 편리를 해결하는 해법이 반드시 최고의 기술에서만 나오는 것은 아니다. 오히려 가용한 기술을 엮어서 목적을 달성하도록 시스템으로 정립하는 것에 해법이 있을 때가 많다. 예를 들어 우리나라의 교통 시스템과 의료 시스템은 국민으로서 보면 매우 편리하고 세계적인 경쟁력이 있다. 그런데 그러한 경쟁력의 근원은 개별 교통 기술이나 의료 기술이 완벽하고 최고이기 때문은 아니다. 오히려 약간은 부족할지라도 이 기술들을 제도적으로 잘 엮어서 국민의 삶의 질 향상에 초점을 맞춘 시스템의 승리라 생각한다. 이처럼 미래차와 그 바탕 기술에 대한 이해를 토대로 국민의 모빌리티 욕구를 해결하는 방안을 제시하였다. 특히 응용 영역 중에서 데이터의 체계화와 자산화가 절실한 공공 수송 영역을 중심으로 하여 시범 프로젝트를 입안하여 제안하였다.

마지막으로 자동차 산업에 대한 나의 통찰이 나온 배경을 이야기하였다. 내연기관차 시대의 패러다임을 거쳐 전기차 시대까지 경험하며 미래차에 대한 나름의 식견과 통찰을 가지게 되었다. 자료의 제시와 분석에 그치지 않고 현장 경험을 바탕으로 한 나의 견해를 자동차 산업 40년의 산 증인이 내놓는 고언으로 받아주었으면 하는 바람이다.

| 차례 |

프롤로그 40여 년을 자동차에 올인하다 • 4
들어가며 미래는 전기차가 만들어간다 • 8

1장
기후변화의 시대와 차량 전동화

미래차는 전기차일 수밖에 없다 • 21
전기차에는 다양한 가능성이 있다 • 29
전기차 개발에 뛰어든 스타트업을 주목하라 • 35
순수 전기차의 증가세는 꾸준히 계속된다 • 41
수소차의 상용화를 막는 장애물은 무엇인가 • 45
자동차 산업 대전환의 핵심은 차량 전동화이다 • 56
우리나라의 차량 전동화 제대로 가고 있는가 • 61
누가 배터리 경쟁의 주도권을 차지할 것인가 • 64
자동차사의 배터리 내재화는 갈 길이 멀다 • 68
퍼스널 모빌리티와 초소형 전기차가 뜬다 • 73
전기차 보조금은 일자리 창출과 연계해야 한다 • 78
소재 공급망 관리와 전기 공급 방안이 이슈이다 • 82

2장

자율주행과 미래차의 핵심 경쟁력

어떻게 자율주행 생태계를 제대로 갖출 것인가 • 89
완전자율주행에서 중요한 것은 시간보다 방향이다 • 93
자율주행시스템을 위해 주행 정보를 자산화하라 • 97
자동차에도 데이터와 알고리즘 적용이 중요하다 • 101
차량 전동화를 넘어 그다음을 상상하고 준비하라 • 105
5G는 자동차 산업의 게임 체인저가 될 것이다 • 111
자동차 산업의 주도권은 소프트웨어 승자에게 간다 • 116
이제 인포테인먼트와 모빌리티 사업 시대가
시작되었다 • 124
왜 자동차사가 소프트웨어 역량을 확보해야 하는가 • 128
소프트웨어 정의 차량SDV의 승부처는
시스템 아키텍트이다 • 131

3장

미래차 이슈와 자동차 산업의 대전환

자동차 산업은 어떤 변화에 직면해 있는가 • 137
애플이 만드는 전기차는 어떻게 다를까 • 140

왜 차량용 반도체 부족 사태가 일어났을까 • 147
자동차 업계의 인수합병에서 교훈을 얻자 • 151
자동차 산업에서 협업 개발이 활발해지고 있다 • 156
갑을문화에서 수평적 협업문화로 바뀌어야 한다 • 159
미래차 개발에 앞서 조직문화를 혁신하라 • 162
최고임원진 회의로 현장의 문제를 해결하라 • 165

4장
스마트한 미래차 전략

비스타 테크데이로 자동차 기술 개발을 이끌다 • 171
왜 차원이 다른 품질 정착이 필수여야 하는가 • 176
자동차에서 기능안전은 절대 타협할 수 없다 • 181
장기적인 안목에서 인재를 육성해야 한다 • 184
불필요한 과정을 없애는 것이 혁신이다 • 189
미니멀리즘을 적용해 혁신을 하자 • 193
왜 도면이 없는데 검토해야 하는가 • 197
미래차 기술을 반영하는 디자인을 추구하라 • 200
개발 성공의 최우선 비결은 견제와 균형이다 • 205
수프가 식기 전에 달려갈 수 있어야 한다 • 209
어려울 때 돕는 친구가 진짜 친구이다 • 214

자동차부품 사업의 참다운 리더가 되자 • 217

국가 모빌리티 산업의 담대한 전환

자동차 산업이 전동화로 완전히 바뀌고 있다 • 223
하이퍼 플리트 모빌리티가 미래의 먹거리이다 • 227
메가 프로젝트 추진으로 산업의 구조를 바꿔라 • 233
국가가 변화를 주도하기 위한 총력전에 나서야 한다 • 243

에필로그 우리 기술로 만든 신차 대우 레간자 • 246
　　　　　LG에서 자동차 사업을 계속하며 • 254
　　　　　LG의 신성장 동력 미래차 사업 • 261

나가면서 리듬을 타라 • 270

1장
기후변화의 시대와
차량 전동화

미래차는
전기차일 수밖에 없다

최근에는 전기차가 친환경 미래차의 선두 자리를 굳히고 있다. 친환경 차에 대한 요구는 지구의 온실가스 감축을 위해서 절대적이다. 온실가스 감축은 2015년 195개국이 채택한 파리기후협약에서 구체화되었다. 요약하면 산업화 이전 대비 기온의 상승 폭(2100년 기준)을 2도보다 훨씬 낮게, 즉 1.5도 이하로 제한하려는 노력을 다 함께 추구하자는 것이다. 그래야 2050년에 이산화탄소 배출량과 흡수 능력이 균형을 이루는 탄소중립, 즉 넷제로Net Zero 시대에 들어설 수 있기 때문이다. 만일 지구의 평균기온이 2도 이상 상승한다면 어떠한 현상이 초래되는가는 〈지구의 평균기온이 2℃ 이상 상승한다면〉에서 보는 바와 같다. 서울의 기후가 일본의 오키나와와 비슷해지며 우리나라에서 소나무와 전나무가 멸종한다.

온실가스 배출하는 대기오염의 주요 원인은 자동차의 배기가스,

지구의 평균기온이 2도 이상 상승한다면

2050년 우리나라 기후 변화의 영향

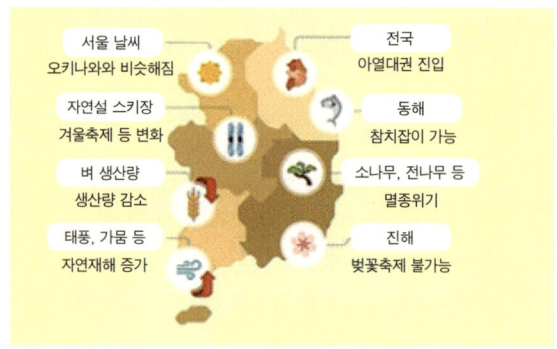

화석연료 발전소, 산업용 공장, 건설과 농업 활동, 산불과 같은 자연재해로 분류된다. 그중 교통에 의한 원인이 25퍼센트 정도이므로 자동차의 이산화탄소 배출량 저감은 반드시 이뤄내야 한다. 각국은 자동차의 이산화탄소 배출에 대한 강력한 규제화와 법제화를 시도해 왔다. 유럽과 미국의 캘리포니아 법규가 그 대표적 예라 할 수 있다. 〈유럽의 배출가스 규제 및 업체 이산화탄소 배출량〉에서 보는 바와 같이 자동차 제조사의 이산화탄소 배출 목표치가 2020년에는 25퍼

유럽의 배출가스 규제 및 업체 이산화탄소 배출량

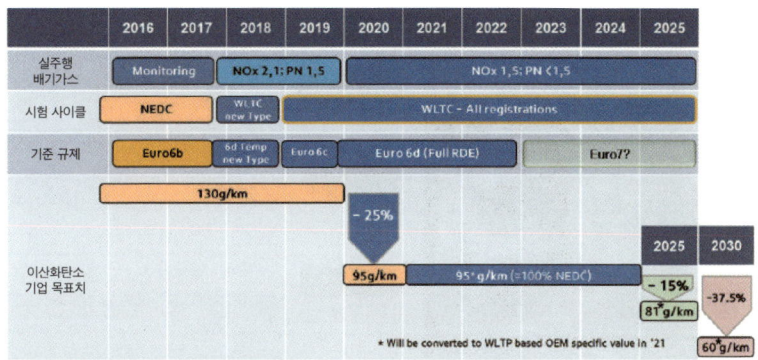

(출처: 현대자동차 유럽기술연구소)

센트 절감된 1킬로미터당 95그램이고 2025년에는 이보다 15퍼센트 절감된 1킬로미터당 81그램이다.

이산화탄소 배출가스 규제 기준을 맞추는 대안으로써 친환경 차 Green Car의 후보군으로는 10년 전만 해도 〈다양한 친환경 차의 대안〉에서 보는 바와 같이 여러 대안이 쏟아져 나왔다. 특히 유럽은 클린 디젤 중심으로 하고 일본은 도요타를 중심으로 한 하이브리드차가 가장 현실적 방안으로 취급되었다. 그러나 이러한 판세는 2015년 발생한 폭스바겐의 디젤게이트라는 초유의 사기 사건으로 대전환을 맞게 되었다. 폭스바겐은 사건 발생 당일 주가가 17퍼센트 급락하면서 시가총액이 144억 달러나 급락하였다. 결국 연이은 각종 벌칙금으로 미국 시장을 떠나고 말았다. 이 디젤게이트로 배출가스 규제에 대한 현실적 대안으로 전기차가 급부상하였다.

물론 전기차 말고도 수소차를 고려할 수도 있으나 유럽환경운송협회의 2018년 보고서에 따르면 현실적으로 전기차가 유일한 넷제로를 달성할 방안이다. 참고로 여기서 수소차는 차량 내 탑재된 탱크에

다양한 친환경 차의 대안

각국의 친환경 자동차 개발

- **클린디젤**
  - 디젤엔진의 고효율 강조
  - 디젤게이트
  - 기술적 강자는 유럽 메이커

- **하이브리드차**
  - 엔진+모터로 구동(배터리도 중요)
  - 일본의 기술 독점으로 경쟁자는 대안 모색

- **전기차**
  - 배터리에 저장된 전기로 모터를 구동
  - 배터리 기술 발전으로 보급 확대

- **수소차**
  - 수소전지를 활용해 발생된 전기를 배터리에 저장
  - 전기로 모터를 구동

실린 수소와 대기의 산소가 반응해 발생하는 전기에너지를 배터리에 담아 모터를 구동하는 수소전기차이다. 그런데 수소를 공급받는 현실적이고 경제적인 방법은 천연가스를 물로 개질하여 수소를 추출하는 방안이다. 물을 전기 분해하여 얻는 '수전해 수소' 내지는 화학 공정상 얻어지는 '부생 수소' 등도 수소를 얻는 방안이긴 하다.*

수소차가 진정한 친환경차가 되기 위해서는, 즉 가치사슬 전 과정에서 이산화탄소 배출을 없애기 위해서는 원자력 내지는 재생에너지를 통해 얻는 수전해 수소를 사용하여야 한다. 그러나 이러한 수전해 수소를 기반으로 하는 수소차는 에너지 효율 측면에서 전기차보다 열세이다. 도표 〈재생전기를 활용한 에너지 변환효율 비교〉는 재생에너지로부터 얻는 무공해 전기를 전기차, 수소차, e-연료** 내연기

---

* 서로 다른 수소 추출 방법에 대한 상세 설명과 경제성 분석에 대해서는 45쪽의 글 「수소차의 상용화를 막는 장애물은 무엇인가」를 참고하기 바란다.

** e-연료e-fuel는 전기 기반 연료electricity-based fuel의 약자로, 물을 전기분해하여 얻은 수소를 이산화탄소나 질소 등과 결합해 만든 합성연료이다.

재생전기를 활용한 에너지 변환효율 비교

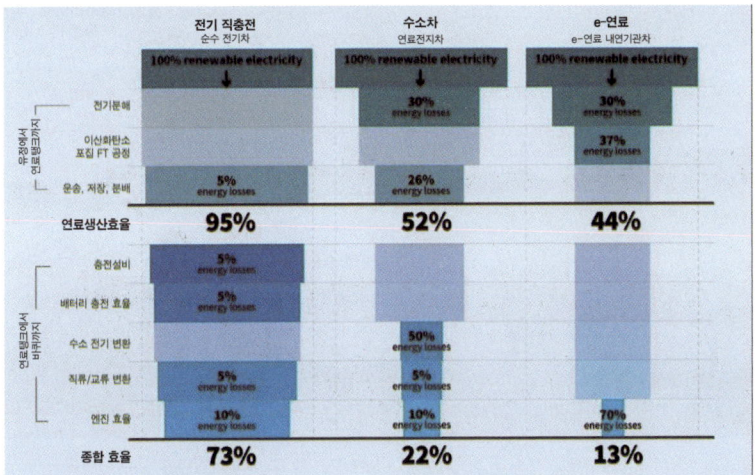

(출처: 유럽교통환경연합 보고서(2018. 11))

2050년 탄소중립 구현 제안

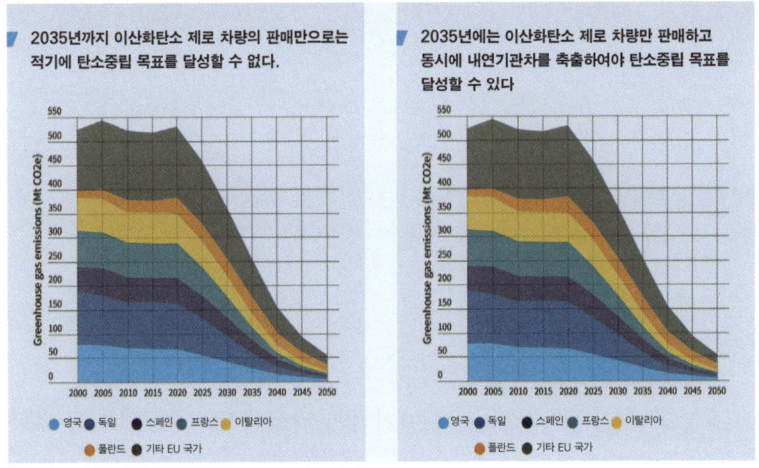

(출처: 유럽교통환경연합 보고서(2018. 11))

관차에 사용할 경우 자동차 바퀴까지 전달되는 연료 변환효율을 비교한 것이다. 전기차의 효율이 월등하다는 사실을 알 수 있다. 이러한

1장 기후변화의 시대와 차량 전동화 25

다큐멘터리 「누가 전기차를 죽였는가?」

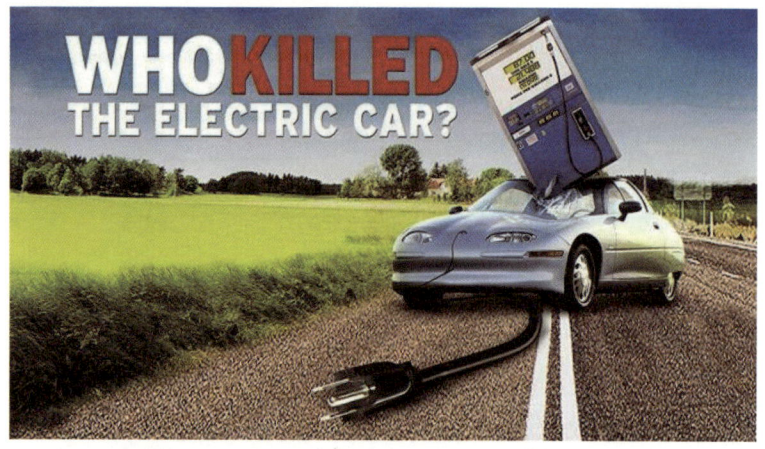

배터리 기술의 발전 전망 대비 실제 성능 개선 속도

	2008	2010	2015	2016	2020's		2030's
에너지 밀도	100Wh/kg	100Wh/kg	150Wh/kg		250Wh/kg		500Wh/kg
파워 밀도	400W/kg	1,000W/kg	1,200W/kg		1,500W/kg		1,000W/kg
셀 가격	$2,000/kWh	$1,000/kWh	$300/kWh	$145/kWh	$2,00/kWh	$100/kWh	$1000/kWh
전기차 주행거리	80km	80km	120km	380km	200km	500km	480km
에너지량	8kWh	8kWh	12kWh	60kWh	20kWh	80kWh	40kWh
셀 가격 (배터리 탑재 중량)	$16,000	$8,000	$3,600	$8,700	$4,000	<<$8,000	$4,000

이유로 유럽연합은 친환경 차로 전기차를 확실히 밀고 있다. 더욱이 파리기후협약에서 천명한 2050년 넷제로 세상을 구현하려면 도표 〈2050년 탄소중립 구현 제안〉에서와 같이 2035년부터는 이산화탄소 제로 차량만을 판매해야 한다. 그리고 이것만으로도 부족해 2035년까지 내연기관 차량을 축출하여야 한다고 주장하고 있다.

그렇다 해도 친환경 차로서 전기차의 위상이 왜 이리 갑자기 떠올랐을까? 가장 큰 이유는 배터리 기술의 발전을 들 수 있다. 사실 전기차는 기술적으로 상당히 오래된 기술이다. 일례로 제너럴모터스만 하더라도 1996년에 이미 EV1이라는 전기차를 1,000여 대 생산하여 캘리포니아에 내놓은 바 있다(참고로 석유회사가 전기차 시대를 가로막기

전기차의 가격 경쟁력 예측

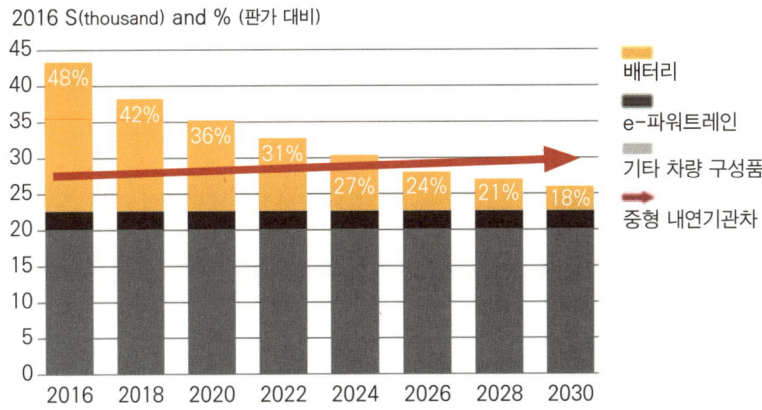

(출처: Bloomberg New Energy Finance Note, 「Estimated pre-tax retail prices」)

위해 EV1을 전량 구매해 폐기하였다는 음모를 다룬 다큐멘터리 「누가 전기차를 죽였는가?」가 있다).

배터리 기술은 2010년대에 이르러 급진전하기에 이르렀다. 〈배터리 기술의 발전 전망 대비 실제 성능 개선 속도〉는 2008년 일본의 신에너지산업기술종합개발기구 **NEDO, New Energy and Industrial Technology Development Organization**가 예측한 배터리 기술 로드맵이다. 지금 와서 되돌아보니 실현된 기술이 예측치보다 훨씬 앞섰다.

전기차 하면 항상 거론되는 4가지 장애물이 있다. 주행거리, 가격, 충전 시간, 충전 인프라이다. 이제 주행거리와 가격은 더는 장애 요소로 취급되지 않는다. 주행거리가 200마일 되는 차는 제너럴모터스의 볼트를 시발로 다수 제작되고 있다. 배터리 가격 또한 지속해서 하락하여 2025년쯤에는 내연기관차와 같아질 것이라는 예측이 나오고 있다. 도표 〈전기차의 가격 경쟁력 예측〉은 내연기관차와 전기차의 원가가 같아지는 가격 맞춤Price Parity 시기를 2025년으로 예측한 것이다.

참고로 현재 시장에서 배터리팩의 가격은 1킬로와트시당 135달러로 형성되고 있다. 이는 2025년경 1킬로와트시당 100달러 이하로 될 것으로 예측한다(이는 내연기관차 수준의 가격 형성을 위한 당위적 목표치이다. 다만, 리튬, 니켈 등 원자재 가격의 불확실성이 예측의 가장 큰 변수 요소이다). 충전 속도는 현재 기술로 15분 급속 충전하면 서울~대전 간 운행이 가능하다.

전기차에는
다양한 가능성이 있다

전기차의 사업성과 전망을 고려할 때 반드시 짚고 넘어가야 할 부분이 있다. 과연 '전기차가 친환경 차라는 이유만으로 대세를 형성하고 있는가?'라는 의문이다. 물론 친환경이 계기가 되었지만 전기차는 그에 못지않은 매력을 갖고 있다. 도대체 어떤 매력이 전기차를 대세의 흐름 위로 올려놓았을까?

첫째, 공간 활용이 월등하다. 엔진이 없어지므로 엔진룸이 모터룸으로 대폭 축소되어 실내 공간을 넓힐 수 있다. 패키지 측면에서 축간거리(휠베이스)를 늘려 실내 공간을 확보하는 것이다. 예를 들어 전기차 외형이 아반떼 크기면 실내 공간은 소나타와 같다. 테슬라의 모델 S는 엔진룸의 남는 공간 일부를 트렁크와 같이 수납함으로 사용하고 있다.

둘째, 모터이다. 전기차의 모터는 〈전기차의 특성〉에서 알 수 있듯

전기차의 특성

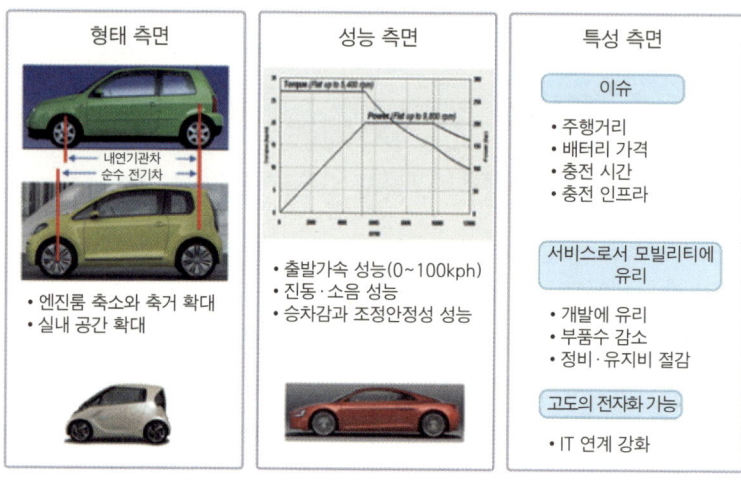

시동 즉시 최대 토크가 발생한다. 다시 말해 차량의 출발 가속 성능 (흔히 시속 100킬로미터까지 도달시간으로 측정)을 극대화할 수 있다. 스포츠카에서나 맛볼 수 있는 '목이 부러질 것 같은 엄청난 속도감breaking the neck speed'을 구현할 수 있다. 소프트웨어로 속도 조절을 하기에 멋진 가속감 튜닝이 가능하다.

셋째, 소음이 없다. 차량 진동·소음NVH, Noise·Vibration·Harshness의 근원은 엔진, 도로, 주행 시의 바람이다. 전기차 모터는 엔진과 비교해 거의 진동과 소음이 없다. 진동과 소음의 근원이 하나 없어지는 것이다. 전기차가 너무 조용하다 보니 보행자의 안전이 우려돼 저속 운전 시 소리가 나도록 제작하는 것을 의무화한 법규가 제정되는 실정이다. 국내는 시속 20킬로미터 이하 운행 시 75데시벨의 소음을 의무화하였다. 미국은 시속 19마일(30킬로미터) 이하일 때 소음을 내도록 규정하고 있다. 앞으로 전기차는 특정한 주행 사운드를 마치 스마트폰처럼 컬러링하는 시대가 올지도 모른다는 유쾌한 상상도 가능하다. 오늘은 BMW 엔진 사운드로 하고 내일은 페라리 엔진 사운드로 하고 말이다.

넷째, 배터리의 탑재 방법이다. 전기차는 배터리를 차체 하단에 박스 형태로 탑재하는데 자연스럽게 차량의 무게중심을 낮추고 차량의 전후 무게 배분을 균등화하여 승차감 및 조정 안정성R&H, Ride and Handling을 대폭 향상할 수 있다. 내연기관차는 무거운 엔진을 차량 앞단에 탑재하여(FF, FR 차량) 전후 무게 배분을 균등화하기가 거의 불가능하다.

다만, 배터리가 차량 하단에 위치해 차량의 전고가 내연기관차보다 80~100밀리미터가량 높아지는 크로스오버 형태의 차량 스타일이어서 바람에 의한 저항이 증가하는 것이 부작용이다. 아울러 엔진이 없어 너무 조용해 오히려 바람 소리, 소재 마찰음, 도로 소음 등 여타 소음이 두드러지게 표출되어 내연기관차와는 다른 차원의 차량 진동 소음 방지책이 필요하다.

다섯째, 서비스로서 모빌리티MaaS, Mobility as a Service 응용에 적합하다. 모빌리티 서비스 산업은 차량의 운행 시간을 대폭 늘리면서 IT 기기와의 연계를 강화한다. 이러한 서비스로서 모빌리티 차량을 개발하기에는 전기차가 내연기관차에 비해 월등히 우수하다. 일단 부품 수가 3분의 1가량 축소되므로 정비가 쉬워지고 운영비가 대폭 줄어들면서 개발에 따른 부담이 내연기관차와 비교도 안 되게 적다. 내연기관차를 개발할 때는 세계 각지의 다른 환경을 고려하여 100~200여 대의 시작차를 제작하여 운행하며 시험 개발을 수행한다. 온도, 습도, 산소량, 기압 등 엔진 연소에 영향을 미치는 환경 요

서비스로서 모빌리티에서의 전기차 활용 사유

소가 다양하기에 이에 맞는 엔진 튜닝이 필수적이다. 그러나 전기차는 이러한 변수가 대폭 경감되어 소규모의 시작차로 빠르게 개발할 수 있다.

　이제 결론은 났다. 친환경적이라 배기가스 규제에서 벗어나고 가속 성능, 승차감과 조정 안정성, 차량 진동 소음 저하, 공간 활용도, 정비성 등에서 소비자가 원하는 높은 수준의 성능을 갖춘 차량을 빠르게 개발할 수 있다면 무엇이 문제겠는가. 남은 과제는 규모의 경제를 갖춘 대량생산으로 가격을 낮추는 것이다. 그래서 전 세계의 선진 자동차사는 전기차로 방향타를 조정하고 있다. 〈자동차사의 전기차 개발 전략〉은 이를 보여주고 있다.

　돌이켜보면, 전기차 시장 발화에 도화선이 된 것은 누가 뭐라고 해도 테슬라이다. 테슬라는 어떻게 그럴 수 있었을까? 사실 10여 년 전부터 전기차는 일본의 닛산을 비롯하여 국내 현대자동차도 만들었

자동차사의 전기차 개발 전략

지역	자동차사	전동화 전략
북미	GM	2025년까지 순수 전기차 30종 출시를 위해 270억 달러 투자
	Ford	2030년에 전기차 비율 40%
아시아	TOYOTA	2030년까지 30종의 순수 전기차, 30년 350만대 순수 전기차 판매, 35년 렉서스 100% 순수 전기차
	HONDA	2040년까지 전차종 전동화
	HYUNDAI/KIA	2025년 순수 전기차 100만 대 판매, 30년/40년 전동화율 30%/80%
유럽	VW	2025년까지 300만 대 순수 전기차 판매
	DAIMLER	2022년까지 순수 전기차 10종, 플러그인 하이브리드차 40종 출시
	BMW	2022년까지 순수 전기차 12종, 플러그인 하이브리드차 13종 출시
	RENAULT/NISSAN/MITSUBISHI	2022년까지 순수 전기차 12종 출시

다. 그런데 그들은 왜 테슬라만큼 반향을 못 일으키고 후발주자가 되었는가? 그건 전기차를 바라보는 시각 차이가 너무나 컸기 때문이다.

기존 자동차 회사들은 전기차를 의심하는 시각에서 시험 생산을 하였다면 테슬라는 전기차에 올인했다. 테슬라가 '전기차는 전기차다워야 한다.'라는 기조를 처음부터 유지한 것에 비하면 완전 하늘과 땅 차이다. 테슬라는 전기차 전용 플랫폼을 구축하고 전기차의 차별화된 측면, 즉 가속 성능, 공간 활용도, 승차감 및 조정 안정성, 차량 진동 소음 등의 장점을 극대화하였다. 하지만 타사는 기존 차량을 개조하는 데 급급하였다.

테슬라는 차량 스타일에서도 전기차만이 가질 수 있는 라디에이터

현대자동차의 전기차 전용 플랫폼 E-GMP

(출처: 현대자동차)

그릴 생략을 시도하였고, 아울러 엔진룸이 없어져서 생기는 공간을 수납공간으로 활용하였다. 게다가 IT 기술을 과감히 적용하여 자율주행 3단계를 갖추고 소프트웨어를 무선 업데이트OTA, Over The Air 기술로 업데이트되도록 했다. 새로운 기술에 새로운 패러다임을 적용한 것이다. 반면에 타사는 전기차를 기존 패러다임에 담으려 하니 전기차의 진면모를 소비자에게 충분히 전달하지 못했다. 뒤늦게 전기차의 사업성을 깨닫고 전기차만을 위한 전용 플랫폼을 속속 제시하고 있다.

현재 발표된 대표적인 글로벌 전기차 플랫폼은 제너럴모터스의 BEV3 플랫폼, 현대자동차의 E-GMP 플랫폼, 폭스바겐의 MEB 플랫폼, 도요타의 e-TNGA 등이다. 이들의 공통점은 배터리팩이 차체 하단에 박스 형태로 위치한 스케이트보드 아키텍처이다.

전기차 개발에 뛰어든 스타트업을 주목하라

 테슬라의 비약적 발전은 스타트업의 발현을 자극하였다. 〈테슬라 대항 스타트업〉은 신생 스타트업을 보여준다. 특히 아마존의 투자를 유치해 픽업트럭을 생산하는 리비안의 전략은 예의 주시할 필요가 있다. 참으로 세상이 바뀌고 있다. 스타트업 루시드와 리비안은 주식 시장에 상장하자마자 시가총액이 포드를 능가하였다.

 최대 전기차 시장인 중국을 살펴보자. 중국 정부는 자국의 자동차 산업이 내연기관차로는 도저히 선진국과 경쟁할 수 없음을 뼈저리게 경험하였다. 전 세계에서 가장 빠르게 성장하는 시장이면서 또한 가장 큰 시장이 됐는데도(참고로 2019년 전 세계 자동차 판매 대수는 9,042만 대이다. 이 중 2,580만 대가 중국 단일 시장에서 판매되었다. 우리나라는 176만 대이다) 기술의 상당 부분을 독일, 미국, 일본 등에 의존하고 있었다. 특히 엔진 기술은 도저히 선진사의 100여 년간 축적된

테슬라 대항 스타트업

리막 C2
- 페라리 지향
- 크로아티아
- 현대차 투자, 부가티 인수

루시드에어
- 벤츠 지향
- 2.5초(0-100), 1,080마력, 830Km 주행
- 테슬라 출신 임원 8인

피스커 오션
- SUV
- 생산: 마그나·폭스콘

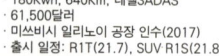

리비안 R1T
- 픽업트럭(800Kg 적재)
- 180Kwh, 640Km, 레벨3ADAS
- 61,500달러
- 미쓰비시 일리노이 공장 인수(2017)
- 출시 일정: R1T(21.7), SUV R1S(21.8)

볼리저 B1
- SUV B1, Pick Up B2
- 142Kwh, 614마력, 900Nm
- 322Km 주행
- 랜드로버 지향

알파모터스 에이스
- 후륜구동, 2인승
- 400Km 주행, 6초(0-100)
- 미니 지향

프로테라
- 2020년 1.93억 달러 매출
- 550마력, 480~550Km 주행
- 1,700 주행 테스트

노하우를 이길 수 없었다. 어찌 보면 이런 상황 때문이라도 중국의 전기차 투자는 당연한 수순이라 할 수 있다. 중국에서는 단일 상품으로 가장 규모가 큰 자동차 시장에서 이권을 갈취당하는 것을 보고만 있을 수는 없다 보니 타개하는 방안으로 엔진 없는 전기차가 대안으로 떠올랐다. 전기차와 관련된 기술은 선진국과 피장파장으로 동일 선상에 있다고 판단하였기 때문이다.

중국은 신에너지 자동차 산업의 기술 혁신력을 향상하는 방안으로 '3종3횡3從3橫 기술'을 정의하고 집중적으로 지원하며 육성하기에 이른다. 3종은 차량 종류로서 전기차, 플러그인 하이브리드차, 수소차를 뜻한다. 3횡은 기술로서 배터리 기술, 모터 및 전력전자 기술, 차량 통신 및 스마트화 기술을 일컫는다. 이들에 대한 혁신적 기술 구축을 위해 적극적으로 보조금을 지원함은 물론이고 관세 등을 통해 외국 기술의 유입을 근원적으로 차단하였다. 또한 초기 수요처인 공공 서비스 분야에 각종 특혜를 부여함으로써 활로를 제공하였다.

중국 우링사의 홍광 미니 전기차

· 중국 유주에 본사
· SAIC 50.1%, GM 44%, 우링 5.9%

홍광 미니 전기차
· 4인승, 3개 트림, 통일 구동계(20kw, 85Nm)
· 9.2~13.8Kwh(120~170Km 주행거리), 중량 705Kg
· 최고속도: 105Km/h
· 여성고객 70% 이상
· 28.8천~38.8천 위안(500~675만 원)
· 2021년 9월 누적 25.7만 대 판매(전년 대비 986%)

	홍광 미니 전기차	쉐보레 더뉴스파크
길이(전장)	2917mm	3595mm
폭(전폭)	1493mm	1595mm
높이(전고)	1621mm	1485mm
휠베이스(축거리)	1940mm	2385mm
차량 무게	665Kg	900Kg

중국의 '신에너지 자동차 산업 발전계획'의 목표는 2025년에 자동차 판매의 25퍼센트인 약 700만 대를 신에너지 차량으로 판매하겠다는 것이다. 중국의 순수 전기차 판매량은 2020년 104만 대로서 전 세계 순수 전기차 시장의 약 절반을 차지한다. 니오, 샤오펑, 샤오미, BYD 등 신에너지 차량 제조사가 선도하고 있다.

중국의 전기차 시장 동향 중 두 가지가 눈에 띈다. 첫 번째는 광시 쫭족자치구 류저우시에 위치한 우링사(상하이자동차와 제너럴모터스의 합작사)의 미니 전기차 '홍광'이다. 홍광은 전장이 3미터도 안 되고 판매가가 한화 500만 원 정도로 여성 고객을 지향하여 제작됐다. 2021년 9월까지 26만 대를 판매하여 중국 내 전기차 판매 1위를 달성하는 기염을 토하였다.

두 번째는 중국의 테슬라라 불리는 니오의 동향이다. 니오는 2020년 불과 4만 4,000대의 전기차를 판매하고도 시가총액이 2021년

2022년 출시 예정인 니오사의 최고급 전기차 ET7

12월 14일 현재 61조 원 규모로 현대자동차의 1.3배에 해당한다. 전설적 창업자인 40세의 리빈의 도전은 우링사의 홍광과는 정반대이다. 중국의 고소득층, 그중에서도 새로운 기술 경험에 목마른 젊은 층을 공략해 고가의 전기차로 승부하고 있다. 또한 배터리 구독 시스템BaaS, Battery as a Service을 적용하는 등 신선한 고객지향적 사업을 하고 있다. 배터리 구독 시스템이란 차량 구입 시 배터리 가격을 제외하고 저렴하게 사는 대신 배터리 사용료를 월별로 내는 방식이다. 2018년 상장 후로 손실이 지속되고 있고 2019년 차량 화재 사고 등으로 위기를 겪기도 했으나 중국 정부의 전폭적인 지원으로 허페이에 신공장을 착공하며 투자를 늘리고 있다. 향후 니오의 향배는 테슬라와 비견되며 눈여겨볼 사항이다.

마지막으로 순수 전기차에 대해 가장 보수적인 일본에 대해 살펴보자. 일본은 아직 전기차 관련 스타트업은 잘 보이지 않는다. 대신 도요타가 1997년에 내놓은 하이브리드차 프리우스가 2020년 상반기까지 1,500만 대 이상 판매될 정도를 절대적 우위를 차지하고 있다. 역설적으로 이러한 실적 때문에 순수 전기차로의 이행에 주저한다는 것은 주지의 사실이다. 일본 시장에서만 보면 하이브리드차 판매가 연 40퍼센트 이상을 차지하고 있고 그에 따른 부품업체 등 관련 생태계가 잘 조성되었기에 '친환경 차' 하면 우선 하이브리드차를 생각하는 측면이 강하다. 일례로 2021년 9월 일본자동차제조협회JAMA 모임에서 도요타의 CEO 도요타 아키오는 일본 정부의 순수 전기차로의 급진전한 이행 전략을 비판하면서 2030년까지 일본은 550만 개의 일자리와 800만 대의 차량 생산을 잃게 될 것이라고 강하게 비판할 정도였다. 그러나 일본도 탄소중립을 향한 세계적인 흐름에 하이브리드차만으로 대처하기에는 한계가 있음을 인정하는 추세임은 분명하다.

  2021년 12월 14일 도요타는 향후 전동화 계획을 전 세계에 발표하면서 2030년까지 30종의 순수 전기차를 출시하고 2030년에 350만 대의 순수 전기차를 판매하겠다고 천명하였다. 그러기 위해 순수 전기차와 배터리 연구개발에 4조 엔을 투자할 계획이다. 최고급 브랜드인 렉서스는 2030년 전 모델에 순수 전기차를 투입하고 나아가 2035년에는 전 렉서스 차량을 순수 전기차로 일원화한다고 발표하였다. 그러나 그 이면에는 여전히 하이브리드차에 미련이 남았음을 알 수 있다. 2030년 친환경 차 판매량 중 450만 대가 하이브리드차이고 연구개발 투자 4조 엔을 하이브리드차에 투자하기로 한 것이 그 방증이다.

  그동안 오락가락하는 갈지자 행보를 보였던 일본 자동차 산업도 대세를 거스를 수 없다는 것을 아는지 차츰 전기차로 발걸음을 옮기는 듯하다. 참고로 닛산 자동차도 2030년까지 하이브리드차를 포함한 전기차의 비율을 50퍼센트로 상향하였다. 이를 위해 2026년까지 2조 엔을 투자한다고 발표하였다. 일본은 하이브리드차의 대성공에 따른 확실한 기득권을 확보했음에도 이제는 전동화의 중심에 순수 전기차를 두고 사업을 추진한다는 것은 분명해졌다.

순수 전기차의 증가세는 꾸준히 계속된다

　우리나라의 총 자동차 등록대수는 2021년 말 기준 2,491만 대로 국민 2.1명당 한 대의 자동차를 보유하고 있다. 참고로 미국, 일본, 독일, 중국 등은 각각 1.1, 1.6, 1.6, 5.1명당 한 대의 자동차를 보유하였다. 이 중에 4.7퍼센트인 116만 대가 친환경 자동차이며 순수 전기차는 0.9퍼센트인 23만 대에 불과하다. 그러나 전기차의 등록 증가세는 전년 대비 171퍼센트일 정도로 급증하고 있다. 순수 전기차로 등록된 차종 중 톱 5는 코나 EV, 포터 Ⅱ EV, 아이오닉 5, 테슬라 모델 3, 니로 EV 등으로 이들의 비중은 52퍼센트에 해당한다.

　순수 전기차의 증가 추세는 판매량을 보면 분명하다. 2021년 3분기까지의 판매량을 보면 자동차 총판매대수 중 전기차의 판매 비중은 5.5퍼센트인 7만 1,006대이다. 3분기까지 중국은 9.4퍼센트, 미국은 2.3퍼센트, 독일은 10.9퍼센트, 영국은 8.3퍼센트 프랑스는 7.0

국내 친환경 자동차 증가 추이

(단위: 대, %)

구분		2014 말	2015 말	2016 말	2017 말	2018 말	2019 말	2020 말	2021 말
전체 자동차		20,117,955	20,989,885	21,803,351	22,528,295	23,202,555	23,677,366	24,365,979	24,911,101
친환경차	소계	140,297	180,361	244,158	339,134	461,733	601,048	820,329	1,159,087
	하이브리드	137,522	174,620	233,216	313,856	405,084	506,047	674,461	908,240
	전기차	2,775	5,712	10,855	25,108	55,756	89,918	134,962	231,443
	수소차	-	29	87	170	893	5,083	10,906	19,404
친환경차 등록 비중(%)		0.7	0.9	1.1	1.5	2.0	2.5	3.4	4.7

(출처: 한국자동차산업협회)

국가별 전기차 판매량 (단위: 대)

	국가	2019	비중(%)		국가	2020	비중(%)		국가	2020 3분기 누적	2021 3분기 누적	비중(%)	동기 성장
1	중국	1,035,752	4.0	1	중국	1,054,169	4.2	1	중국	544,945	1,756,319	9.4	222
2	미국	246,996	1.4	2	미국	260,055	1.7	2	미국	175,467	272,554	2.3	5
3	독일	66,818	1.7	3	독일	201,362	6.3	3	독일	101,369	243,892	10.9	14
4	네덜란드	63,662	14.1	4	프랑스	119,767	5.7	4	영국	69,337	131,832	8.3	90
5	노르웨이	62,301	32.8	5	영국	112,980	5.9	5	프랑스	76,138	114,836	7.0	5
6	프랑스	51,013	1.9	6	노르웨이	79,847	44.1	6	노르웨이	50,057	84,428	52.5	69
7	영국	41,225	1.5	7	네덜란드	75,055	21.0	7	한국	36,268	71,006	5.5	90
8	한국	35,443	2.0	8	한국	46,909	2.5	8	이탈리아	18,599	49,065	3.8	164
	합계	1,775,828	2.0		합계	2,220,411	2.9		합계	1,248,718	3,012,579	5.1	141

(출처: SNE리서치(2021. 10), Markline)

퍼센트를 차지하였다. 〈국가별 전기차 판매량〉에서 보듯이 주요 8개 국의 전기차 판매 성장률은 2021년 3분기 기준 2020년 대비 무려 141퍼센트에 해당한다.

전기차의 성장은 얼마나 지속될 것인가? 2021년 4월에 발표된 국제에너지기구IEA의 「세계 전기차 시장 전망 보고서Global EV Outlook」는

향후 국내 순수 전기차 보급 비율 추정

연도	2021년	2025년	2030년
총인구수	5,175만 명	5,150만 명	5,120만 명
차량 등록대수	2,491만 대	2,780만 대	3,400만 대
차 한 대당 인구수	2.08	1.85	1.5
보수적 예측 (2025년 3퍼센트, 2030년 7퍼센트)	23만 대	83만 대	238만 대
낙관적 예측 (2025년 5퍼센트, 2030년 15퍼센트)	23만 대	135만 대	500만 대

전 세계적 추세에 대해 두 가지의 시나리오를 제시하였다. 현 정책을 유지하는 보수적 시나리오와 지속가능개발의 낙관적 시나리오이다. 해당 보고서에서 전기차는 순수 전기차와 플러그인 하이브리드 전기차를 포함한 것으로서 2030년의 전기차 보유대수 예측치에 대해 보수적으로는 7퍼센트, 낙관적으로는 12퍼센트를 제시하고 있다. 2030년 전기차(플러그인 하이브리드 포함)의 등록 점유율은 약 10퍼센트 정도로 보고 있다.

우리나라의 인구 예측을 근거로 하여 차량 보유대수를 예측하여 보자. 2021년 통계청의 「장래인구추계: 2020~2070년 보고서」에 의하면 우리나라 총인구수는 2021년 5,175만 명으로 전년 대비 9만 명이 감소하였다. 향후 10년간 해마다 6만 명의 인구가 감소할 것이라는 우울한 전망이다. 따라서 2030년에는 총인구수는 5,120만 명으로 예측되었다. 이러한 수치를 고려하여 인구에 비례한 차량 보유대수를 2025년 1.85명당 한 대, 2030년 1.5명당 한 대 정도로 가정해보았다.

나는 우리나라가 2025년에는 2,780만 대(인구 1.9명당 한 대), 그리고 2030년에는 3,400만 대(인구 1.5명당 한 대) 정도의 차량을 보유할 것으로 내다본다. 그리고 순수 전기차의 보급 비율에 대해서는 보수적, 낙관적 기대치를 반영하여 〈향후 국내 순수 전기차 보급 비율 추정〉과 같이 추측해보았다.

이 예측은 전기차의 증가세가 폭발적으로 증가하는 2021년 상황에서 가정해본 것이라 편차가 크다. 그러나 이를 통해 얼추 가늠할 수 있는 것은 2025년에 전기차 100만 대 시대, 2030년에 전기차 300~500만 대 시대가 올 것이라는 점이다. 바야흐로 전기차의 시대가 도래한다는 것은 부정할 수 없는 흐름이다.

수소차의 상용화를 막는 장애물은 무엇인가

"수소차 어떻게 보세요?"

미래차 강연을 할 때 자주 받는 질문 중 하나이다. 현대자동차가 최근까지 TV 등 언론 매체에 수소차 광고를 계속해서 내보내다 보니 일반인들도 꽤 알게 되었고 기대도 큰 모양이다. 아울러 문재인 정부에서 신에너지로서 수소경제 활성화에 대한 계획을 속속 발표하고 홍보하였기 때문이기도 할 것이다.

수소는 모든 물질 가운데 가장 가벼우며 무색무취에 무미한데다가 불에 타는 성질이 있는 기체 원소이다. 수소차는 저장 매체에 담긴 수소가 공기 중 산소와 결합되어 물로 만들어지는 과정에서 발생하는 전기에너지를 배터리에 담아 모터를 구동한다. 정확히 말하면 수소 전기자동차를 의미한다. 〈수소 전기자동차 주요 구성품〉에서 보듯이 전기차와 마찬가지로 배터리와 구동 모터 시스템이 존재한다.

정부의 수소경제 활성화 로드맵

		2018년		2022년		2040년
모빌리티	수소차	1,800대		8.1만 대		620만 대
	승용차	1,800대	핵심부품 국산화	7.9만 대	전기차 가격 수준	590만 대
	버스	2대		2,000대		6만 대
	택시		10대 시범사업			12만 대
	트럭		5톤 트럭 출시		핵심부품 국산화	12만 대
에너지	충전소	14개		310개		1200개
	발전용	370MW	전용 LNG요금 신설	1.5GW	발전단가 50%	15GW
	가전 건물용	7MW	설치비 1,700만 원/KW	50MW	설치비 60만 원/KW	2.1GW
수소생산	연간 공급량	13만 톤		47만 톤		526만 톤
수소가격 (원/Kg)				6,000원	4,000원	3,000원

		2018년	2022년	2030년	2040년
공급·가격	공급량 (=수요량)	13만 톤/년	47만 톤/년	194만 톤/년	526만 톤/년 이상
	공급방식	① 부생수소(1%) ② 추출수소(99%)	① 부생수소 ② 추출수소 ③ 수전해	① 부생수소 ② 추출수소 ③ 수전해 ④ 해외생산 ※ ①+③+④ : 50% ② : 50%	① 부생수소 ② 추출수소 ③ 수전해 ④ 해외생산 ※ ①+③+④ : 70% ② : 30%
	수소가격	- (정책가격)	6,000원/Kg (시장화 조기가격)	4,000원/Kg	3,000원/Kg

탄소배출이 전혀 없는 청정에너지 자동차이다. 현대자동차가 핵심 부품인 연료전지 시스템 기술력에 있어 퍼스트 무버First Mover이므로 우리로서는 매우 기대가 큰 친환경 차이다.

참고로 수소를 이용하여 에너지를 만드는 핵심 부품은 수소와 산소를 결합하는 연료전지Fuel Cell이다. 연료전지는 전해질별로 방식을

수소 전기자동차 주요 구성품

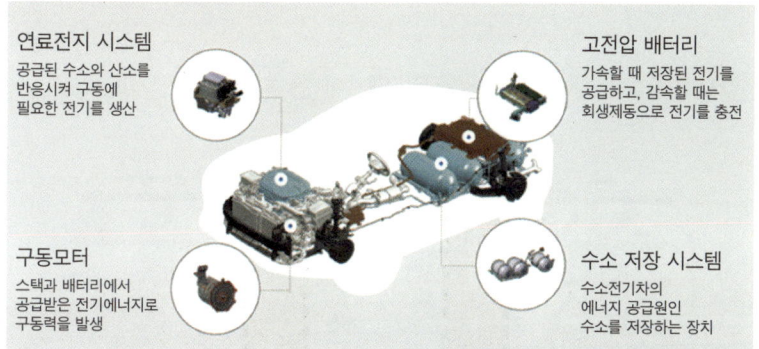

연료전지 시스템
공급된 수소와 산소를 반응시켜 구동에 필요한 전기를 생산

고전압 배터리
가속할 때 저장된 전기를 공급하고, 감속할 때는 회생제동으로 전기를 충전

구동모터
스택과 배터리에서 공급받은 전기에너지로 구동력을 발생

수소 저장 시스템
수소전기차의 에너지 공급원인 수소를 저장하는 장치

(출처: 현대자동차 웹사이트)

연료전지 구분

분류	알카리형 (AFC)	고체고분자형 (PEMFC)	인산형 (PAFC)	응용탄산염형 (MCFC)	고체산화물형 (SOFC)
전해질	수산화칼륨 수용액	고분자이온 교환막	인산	탄산염	안전화 지르코니아계
이동이온	OH^- (음이온 이동형)	H^+ (양이온 이동형)	H^+ (양이온 이동형)	CO_3^{2-} (음이온 이동형)	O^{2-} (음이온 이동형)
작동온도	상온~200℃ (촉매 필요)	약 80℃ (촉매 필요)	약 200℃ (촉매 필요)	약 650℃ (촉매 불필요)	약 1,000℃ (촉매 불필요)
반응가스	순 H_2만	H_2 (CO 10ppm 이하)	H_2 (CO 1% 이하)	H_2 CO	H_2 CO
배열이용	-	급탕만	증기에 의한 흡수식 냉동기 이용 가능	복합 사이클화 가능	복합 사이클화 가능
발전효율	-	<40	40~45	50~60	50~60
특징	-전해질 CO_2로 열화되기 때문에 지상에서는 거의 이용되지 않음 -고효율로 저비용 -부식성이 약하고 재료 선택의 폭이 넓음	-가동이 비교적 빠름 -고출력밀도 -유지보수 용이 -CO피독을 받기 쉬움 -물 관리를 요함	-개발이 가장 진전되어 실적이 많음 -전해질의 소실이 있음	-내부개질이 가능 -CO_2 농축에 응용 가능 -전해질의 소실이 있음 -CO_2 리사이클 필요 -가동정지에 장시간 필요 -니켈 단락의 우려가 있음	-고출력밀도 -내부개질이 가능 -유지보수 용이 -가동정지에 장시간을 요함 -장기 성능과 승강 온도 사이클에 대한 불안이 있음
개발단계	-우주 개발이나 잠수함 등 특수용으로 실용화	-수십W~수십KW급 전지 스택, 주변기기 -자동차 탑재, 가정용 활용 가능 -신재료 조사 및 열기구 해면 중	-1~11MW 플랜트 운전 -200KW 상용화	-200KW급 전지 도입 -111MW 파일럿 플랜트 실증시험	-1~30MW급 전지 실험운전 -세라믹 재료, 제조법 포함한 연구

(자료: 일본 수소연료전지위원회, 산업통상자원부, SK증권)

수소차 연료전지의 작동 원리

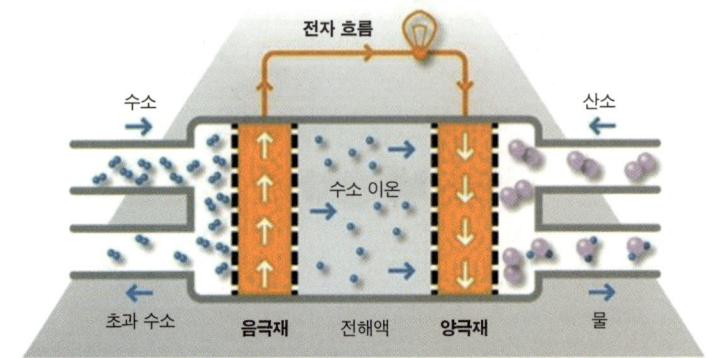

(자료: Fuel Cell Today, SK증권)

수소경제의 가치사슬

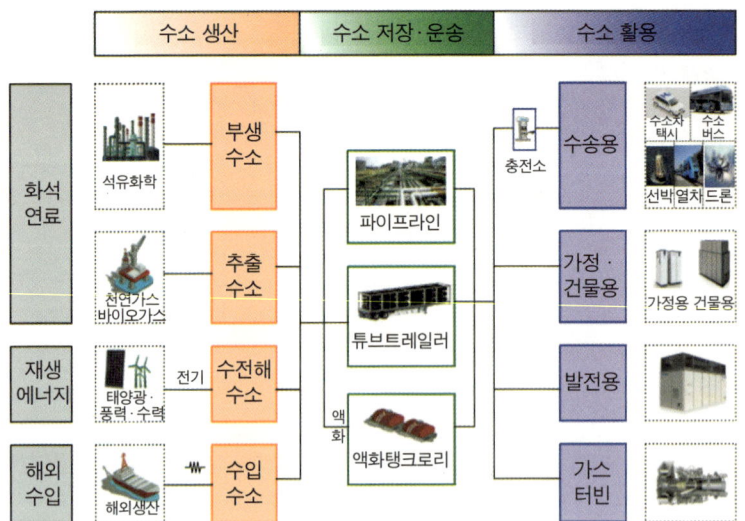

(출처: 정부의 「수소경제 활성화 로드맵」)

달리하여 〈연료전지 구분〉과 같이 분류된다. 수소차에 쓰이는 방식은 고분자전해질연료전지PEMFC, Polymer Electrolyte Membrane Fuel Cell로서 작동 원리는 〈수소차 연료전지의 작동 원리〉와 같다.

수소차를 구현하는 기술 토대는 마련된 상태이다. 그런데도 미래 차로서의 위상은 전기차와 비교해 크게 밀리는 실정이다. 기술이 문제가 아니라 다른 장애물 때문이다. 바로 수소라는 기체를 얻는 비용이다. 수소경제는 〈수소경제의 가치사슬〉과 같은 가치사슬 구조를 갖는다. 생산 방식에 따라 부생 수소, 추출 수소, 수전해 수소 등으로 분류된다. 앞에 정부의 「수소경제 활성화 로드맵」에서 보듯이 실제로 사용할 수 있는 수소 대부분은 추출 수소이다. 추출 수소는 천연가스를 물로 개질하는 과정에서 얻는다. 그런데 이 방식은 화석연료인 천연가스를 사용하는 문제가 있다. 수소 1톤을 얻기 위해 탄소 10톤을 배출하는 탄소중립 역행이라는 모순을 내포하고 있다.

수소는 탄소 발생 여부에 따라 그린 수소, 블루 수소, 그레이 수소 등으로 분류한다. 그린 수소는 탄소 발생 없이 얻는 수소이고 블루 수소는 생산 과정에서 발생하는 이산화탄소를 포집하고 저장하는 시스템, 즉 탄소 포집 및 활용 저장CCUS, Carbon Capture Utilization and Storage 시스템을 활용하는 수소이다. 그레이 수소는 생산 과정에서 발생하는 이산화탄소를 그냥 대기에 발출하는 방식이다. 수소차가 그린카가 되려면 그린 수소 내지는 완벽한 탄소 포집 및 활용 저장 시스템에서 생산된 블루 수소여야 한다.

그린 수소의 생산 방식은 재생에너지로 발전한 전기로써 물을 전해해서 얻는 방식이다. 그린카에 수전해 수소를 사용하면 최고이겠지만 불행히도 비용 면에서 경제성이 크게 떨어진다. 글로벌에너지

수소 운송 과정

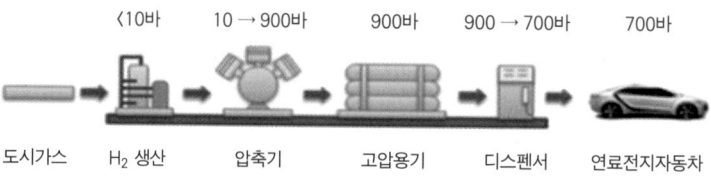

(출처: 박진남(2018), 수소충전소 기술 및 현황, 경일대 신재생에너지학부)

협력센터Global Energy Cooperation Center의 2021년 4월 자료에 의하면 그린 수소 생산단가가 그레이 수소 생산단가의 2.8배에 이른다. 현재로서 수소차를 가능하게 하는 대안은 블루 수소이고 추출 수소를 의미한다. 블루 수소는 이미 구축한 천연가스 공급망과 연계할 수 있다는 장점이 있지만 대형 추출기는 독일과 일본 기술에 의존하여야 하는 현실과 탄소 포집 및 활용 저장 시스템 구축에 대한 청사진이 불분명한 초기 단계라는 단점이 있다. 참고로 2020년 기준으로 우리나라 추출 수소의 가격은 킬로그램당 2,700~5,100원(정책적 지원이 반영된 가격)인 데 반해 수전해 수소는 9,000원에서 1만 원에 이른다. 정부 로드맵에 따르면 2040년에 수소 가격 3,000원을 목표치로 제시하고 있다.

수소는 이렇듯 생산단가가 상용화를 뒷받침하기에는 요원한 실정이다. 그리고 앞서 제시한 〈수소경제의 가치사슬〉의 구조상 운송 과정도 살펴보아야 한다. 추출 수소는 〈수소 운송 과정〉에서 보는 바와 같이 생산된 수소를 900바로 고압 압축하여 운송한 뒤에 수소차에는 700바로 제한된 저장매체에 옮겨 실어야 한다. 이렇게 고압 압축하는 이유는 수소가 가벼운 기체이기 때문이다. 따라서 수소차를 활성화하기 위한 인프라 구축과 비용은 전기차보다 장벽이 훨씬 높은 편이다. 일반 주유소 설치비용은 1~2억 원 정도이지만 수소 충전소는 15~20배 높은 30억 원이나 든다. 지난 2015년 서울시가 건설한 상암동 수소 충전소는 62억 원이 소요되었다. 참고로 논문「한국 수소 충전소 건설의 경제성 분석」(강병우, 김태현, 이택홍)에 따르면 수소 충전소 건설단가가 미국에 비하여 14퍼센트가 높다고 한다. 핵심 부품인 컴프레서, 저장탱크, 디스펜서 등을 전부 수입해야 하는 실정이기 때문이다. 다만 수소 충전소가 활성화되면 충전 시간은 전기차와 비교해 월등히 우수하다.

그리고, 수소차의 에너지 변환효율, 즉 자동차 바퀴까지 전달하는 과정의 변환효율을 살펴보자. 이는 앞서 도표 〈재생전기를 활용한 에너지 변환효율 비교〉에서 전기차와 상세히 비교되어 있다. 재생에너지로부터 나오는 전기를 가지고 자동차 바퀴까지 전달되는 효율을 비교한 바, 전기차가 수소차 내지는 e-연료 내연기관차에 비해 월등히 우수하다. 다시 말해 그린수소에 의한 수소차의 효율이 전기차에 크게 못 미친다는 결론이다.

재생에너지의 바퀴까지의 변환효율 이외에 다른 방식으로 비교해보자. 현대자동차에서 생산한 수소차 넥소와 전기차 코나의 주행거리 발표 자료를 가지고서 비교해보자. 넥소 수소차는 6.33킬로그램의 수소로 633킬로미터를 주행할 수 있고 코나 전기차는 64킬로와트시의 전기로 415킬로미터를 주행할 수 있다고 발표했다. 참고로 수소 1킬로그램은 에너지로 변환하면 143메가줄에 해당하고 전기 1킬로와트시는 3.6메가줄에 해당한다. 따라서 주행거리 1킬로미터당 사용 에너지는 다음과 같다.

테슬라의 사이버트럭 제원

- L×W×H/WH=5,885×2,027×1,905/3,800 → F-150과 유사

- 싱글 모터: 주행거리 250마일, 견인력 3.4톤, 최고속도 177Kph, 0~100 6.5초, 3.99만 달러
  듀얼 모터: 주행거리 300마일, 견인력 4.5톤, 최고속도 193Kph, 0~100 4.5초, 4.99만 달러
  트리플 모터: 주행거리 500마일, 견인력 6.4톤, 최고속도 209Kph, 0~100 2.9초, 6.99만 달러

- 2022년 양산 예정으로 현재 사전예약을 받고 있다.

넥소(수소차): 6.33킬로그램×143메가줄/666킬로미터=1.359메가줄
코나(전기차): 64킬로와트시×6.33메가줄/415킬로미터=0.538메가줄

결국 주행거리 1킬로미터를 달리는 데 전기차의 에너지 효율성이 수소차에 비해 2.5배 좋다는 것이다. 도표 〈재생전기를 활용한 에너지 변환효율 비교〉에서 전기차가 수소차와 비교해 2.6배 좋다는 결론과 유사하다.

수소차는 복잡한 전망을 보여준다. 그야말로 꿈에 그리는 탄소배출이 전혀 없는 그린카이긴 하나 수소 생산, 운송, 저장 비용과 에너지 효율성 측면에서 이슈가 있다. 그린 수소를 사용하면 탄소중립 차원에서는 최상이지만 수소차는 수전해 수소의 생산비용을 감당할 수 없다. 블루 수소라는 현실적 대안이 있다. 하지만 이 또한 생산 과정 중 다량 발생하는 이산화탄소를 처리하는 탄소 포집 및 활용 저장 시스템의 상당한 발전과 지원이 없다면 오히려 탄소중립 넷제로

시대 실현에 크게 역행하는 방안이 될 것이다. 설령 블루 수소차를 만든다고 해도 에너지 효율 측면에서 비교하면 전기차와 경쟁할 수 없는 상태이다. 그래서 현재로서는 전기차가 답이다.

트럭과 같은 대형 운송 수단에는 전기차를 적용할 수 없다는 의견도 있다. 참고로 픽업트럭은 전기차로 만들 수 있다. 테슬라, 리비안, 지엠, 포드 등은 전기차 픽업트럭 양산을 속속 발표하였다. 〈테슬라의 픽업트럭 사이버 제원〉에서 알 수 있듯이 픽업트럭의 전기차 개발이 실제로 이뤄지고 있다. 그러나 트럭과 대형 상선에 대한 전동화는 연료전지를 장착한 수소차 내지는 수소 선박이 답이라는 것이다.

대형 수송체에 대한 탄소중립의 중요성을 짚어볼 필요가 있다. 트럭은 세계 자동차 시장에서 점유율이 1퍼센트에 불과하지만 공해와 미세먼지 근원으로는 무려 25퍼센트나 차지한다. 해운업이 배출하는 탄소량은 연간 10억 톤으로 수송 산업 전체 탄소 배출량의 25퍼센트를 차지한다. 유엔 산하 기구인 세계해사기구IMO는 파리기후협약에 따라 해운업의 2050년 온실가스 배출량을 2008년의 50퍼센트 수준으로 줄이기로 목표를 세웠다. 따라서 탄소중립 실현을 위한 탄소배출 민감도를 고려한 우선순위라는 측면에서 보면 대형 수송체에 대한 친환경 전환은 매우 시급하다.

미국 에너지부DOE와 컨설팅업체 맥킨지 보고서에 따르면 40톤급 트럭의 구동계(파워트레인) 무게를 비교할 때 기존 디젤엔진은 7.5톤인데 전기차용 배터리로 대체하면 10톤으로 중량이 늘어난다. 하지만 연료전지 수소차는 7.0톤이면 충분하다. 전기차와 수소차의 중량 차이는 전기를 저장하는 데 쓰이는 배터리와 연료전지의 무게 차이 때문이다. 주행거리를 늘리는 데에도 수소차가 유리하다는 면을 고

도심 항공 모빌리티 사업 동향

2040년 세계 도심 항공 모빌리티 분야별 시장규모 (단위: 달러, 예상치)

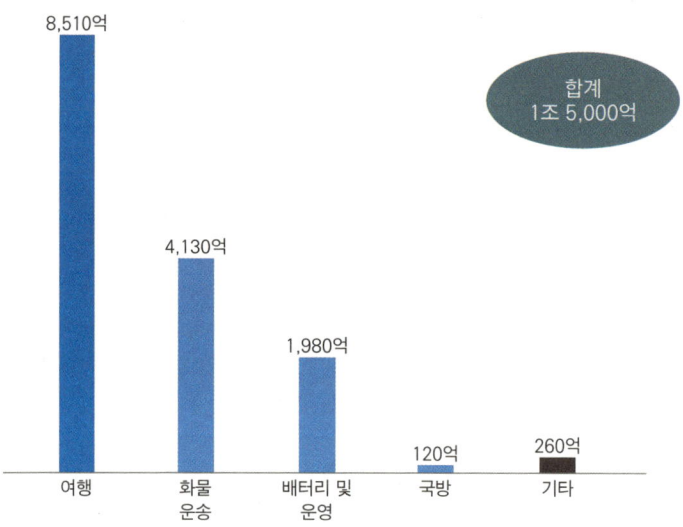

합계 1조 5,000억

- 여행: 8,510억
- 화물 운송: 4,130억
- 배터리 및 운영: 1,980억
- 국방: 120억
- 기타: 260억

(자료: 모건스탠리)

세계 완성차업계 도심 항공 모빌리티 진출

도요타	PAV '스카이 드라이브' 개발
다임러	PAV 업체 '블로콥터'에 투자해 PAV '블로시티' 개발
포르셰	보잉과 고급 PAV 공동 개발
애스턴마틴	대학과 협업해 PAV '볼론티 비전' 개발
현대차	전담 조직 설립해 2028년 상용화 준비

(자료: 업계 종합)

려해 미국의 수소 트럭 스타트업 니콜라는 2020년 6월 상장해 단숨에 시가총액에서 포드를 추월하며 이목을 집중하였다. 그러나 시운전 트럭이 실제로 연료전지 차량이 아니었음이 밝혀졌다. 전세계를 상대로 희대를 사기를 쳤던 것이다. 니콜라에 지분 투자를 감행했던 제너럴모터스는 결국 2020년 6월에 완전히 철수하였다.

현대자동차와 다임러는 수소 트럭 연구개발을 계속하고 있다. 다임러는 2020년 9월 항속거리 1,000킬로미터 이상의 연료전지차 계획을 발표하면서 2023년 시험차, 2025년 양산화를 천명하였다. 이보다 두 달 앞선 7월에 현대자동차는 수소 트럭 엑시언트를 양산하여 스위스에 연내 50대, 2025년까지는 1,600대를 수출할 예정이라고 밝혔다.

수소 선박도 점점 가시화되고 있다. 도요타와 현대자동차는 해양 시장의 잠재력을 보고 연료전지를 소형 선박에 적용한 시험 선박을 제작하고 있다고 발표하였다. 수소연료전지를 향한 관심은 항공 산업도 마찬가지다. 드론과 '도심 항공 모빌리티UAM, Urban Air Mobility'의 친환경화는 배터리 무게 때문에 수소연료전지 사용을 적극 검토 중이다. 그러나 수소연료전지는 아직 생태계 조성 측면에서 초기 단계로 주요 부품의 제조 비용이 많이 드는 것이 가장 큰 장애물이다.

자동차 산업 대전환의 핵심은 차량 전동화이다*

자동차 산업은 그 어느 때보다 심각한 변화를 맞이하고 있다. 크게 연결성, 자율화, 공유화, 전동화로 요약할 수 있다. 이 중에서도 전동화가 그 중심에 있다. 전동화는 환경 규제 대응을 위해 수동적으로 태동했다. 도요타가 하이브리드차 구동계를 엔진과 모터로 구성하고 배터리를 장착한 게 계기가 됐다.

적극적 의미의 전동화는 테슬라에서부터 시작한다. 알다시피 테슬라는 전기차의 완전체를 만들어냈다. 전기구동의 장점을 살려 가속감과 진동 소음을 혁신하고 동시에 무게 배분을 차량 전후로 균등히 하고 무게중심을 낮춤으로써 승차감과 주행 안전성을 확 바꾸어놓았다. 이는 배터리 발전과 때를 같이하면서 상당한 반향을 일으켰다.

---

* 이 글은 2019년 4월 30일 매일경제신문에 게재한 기고문 '전기차 부품산업 성장 미리 대비 해야'를 수정하고 글 말미에 내용을 추가하였다.

이런 와중에 '폭스바겐 디젤게이트'가 2015년에 발생했다. 독일 중심의 회사들은 환경 규제를 클린디젤로 해결하려 했다. 그러다가 이 사건을 계기로 새로운 대안을 찾아야 한다는 절박함에 내몰리게 됐다. 독일 중심의 회사들은 벼랑 끝에 몰려 전기차 개발로 급선회했다. 주행거리와 가격 등이 더 이상 장애가 아니라는 확신이 바탕이 됐다. 상당수의 회사가 전기차 주행거리 300마일을 보장한다. 그런데 현재의 리튬이온 배터리 기술로도 개발하는 게 가능하다. 아울러 2020년대 초반이면 전기차 원가가 내연기관차와 동등하다는 예측과도 맞물려 있다. 전기차는 엔진이 없고 구동계가 단순해 일본자동차부품협회 JAPA의 발표 자료에 따르면 3만여 개의 부품 중 37퍼센트 정도가 줄어든다.

전기차는 폭스바겐, 르노닛산, 제너럴모터스, 다임러 등의 회사가 선도한다. 그중 눈여겨볼 동향은 제너럴모터스이다. 구동계를 내연기관을 지칭하는 파워트레인이라는 용어로 부르다가 2016년에는 추진 시스템 Propulsion System으로, 2019년부터는 전동화 Electrification로 개명하고 담당 조직도 차량 개발조직 산하에 배치했다. 미국 근로자의 15퍼센트에 해당하는 인력의 구조조정에도 착수했다. 향후 자동차 구동의 핵심은 전동화라는 최고경영진의 확고한 메시지를 보여준 것이다.

환경문제는 선택이 아니라 생존의 문제다. 2015년 파리기후협정에서 만장일치로 설정한 환경목표는 지구의 평균기온 상승을 사실상 1.5도 이내로 제한한다는 것이다. 환경문제의 중심에 자동차 배출가스가 있다. 유럽연합의 온실가스 총 배출량 중 수송 부문이 27퍼센트이고 그중 44퍼센트가 자동차에 기인한다. 2018년에 발표된 유

파리기후협정에 따라 2050년까지 수송 부문의 배기가스는 제로화되어야 한다

럽교통환경연합EFTE, European Federation for Transport and Environment 보고서는 파리기후협정 기준을 만족시키려면 늦어도 2050년에 수송 부문의 배기가스가 제로화되어야 한다. 그러기 위해선 적어도 2035년에는 배출가스 제로 차량ZEV만 100퍼센트 판매되어야 하며 2035년 이전에 팔린 내연기관 차량을 소멸시켜야 한다고 기술하고 있다.

배출가스 제로 차량에 대한 선택은 무엇일까? 이때 반드시 짚어봐야 할 부분이 유정에서 자동차 바퀴까지wtw 효율 및 구성 부품의 경제성이다. 2018년 11월 유럽교통환경연합 보고서에 의하면 재생전기를 활용한 WtW 에너지 변환효율은 승용차의 경우 전기차 77퍼센트, 수소전기차 30퍼센트, e-연료 내연기관차 13퍼센트라고 분석했다. 에너지 효율 측면에서 배출가스 제로 차량의 추진 방향은 전기차라는 것이다.

선진기업들은 이미 2020년대 전동화 제품 라인업을 확정했다. 전동화를 위한 변신 없이는 생존이 불가하다는 확고한 인식으로 생태계의 조기 전환을 시도하고 있다. 예를 들어 원가 비중이 큰 배터리를 적게 장착하고 판매 비중이 큰 소형차와 준중형차의 전기차화는 빠르게 전개될 것이다. 반면에 차량 무게 때문에 배터리 가격 부담이 큰 대형 승용차는 하이브리드차, 그중에서도 전기 사용 주행거리 40마일 이상을 제공하는 플러그인 하이브리드차가 당분간 주류를 이룰 것이다. 장거리 주행이 일반적이고 충전 시간의 민감도가 큰 대형 상용차는 수소전기차도 적극 고려해볼 수 있다.

전동화는 필연적으로 아키텍처의 변화를 요구하기 때문에 전용 플랫폼이 등장할 것이다. 제품개발 프로세스의 변화도 함께 이뤄질 전망이다. 검증 절차가 비교적 간소하므로 개발 기간 단축도 가능하다. 또한 내연기관차의 생태계와 달리 전동화 핵심 부품 협력업체와 전략적 협업이 프로세스의 핵심으로 자리매김할 것이다. 전동화는 필연적으로 새로운 부품 사업의 등장을 가속화한다.

* *

플러그인 하이브리드차에 대한 첨언으로 2022년 1월 기준 대형차에 대한 전동화 방향성을 언급하고자 한다. 제너럴모터스의 차세대 순수 전기차 BEV3 플랫폼 활용 전략을 살펴보자. 그림 〈제너럴모터스의 BEV3 플랫폼을 활용한 전기차 확산 계획〉에서 보듯이 제너럴모터스는 BEV3 플랫폼을 활용하여 2023년까지 20종의 전기차를 출시할 예정이다. 공용 스케이드보드 형태의 플랫폼을 활용하며 LG에너지솔루션과 공동 개발 중인 얼티움Ultium 리튬이온 배터리를 장착할 예정이다. 해당 배터리의 축전 용량은 50~200킬로와트시로서 최대 200킬로와트시의 고속 충전을 지원하면서 가격대는 킬로와트시당 100달러 이하를 예상하고 있다. 결국 대형 승용차의 천국이라는 미국조차도 이제는 순수 전기차로 친환경 로드맵의 가닥을 잡은

제너럴모터스의 BEV3 플랫폼을 활용한 전기차 확산 계획

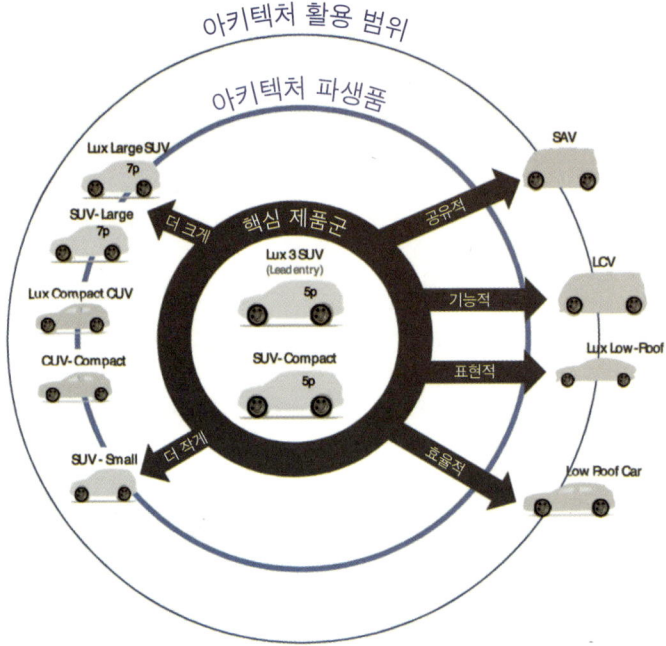

(출처: electrive.com(2019. 1. 13), GM aims to make Cadillac lead EV brand)

것이다. 참고로 2020년 8월 제너럴모터스의 언론 발표회에서 개발 총책임자인 마크 루스Mark Reuss는 300마일 주행이 가능한 2023년형 순수 전기차 캐딜락 리릭LYRIQ의 출시를 공식 발표하였다.

　순수 전기차의 매력을 느낀 고객이 예전으로 다시 회귀하기란 그리 쉽지 않을 것이다. 현대자동차 GV60 전기차 시승기만 보더라도 내연기관차와의 차별점이 확연하다. 제로백이라 하는 발진 가속 성능이 4초이며 주행거리는 368킬로미터이고 가격대는 6,000만 원대(최상위급도 7,000만 원 이하)이다. 이제 대형 승용차도 순수 전기차로의 진행이 예상보다 빨라질 것이다.

우리나라의 차량 전동화
제대로 가고 있는가*

2021년 11월에 제너럴모터스의 수석부사장 겸 해외사업부문 사장인 스티브 키퍼Steve Kiefer가 내한하여 '제너럴모터스 미래 성장 미디어 간담회'를 개최하고 한국 시장에 대한 제너럴모터스의 미래 전략과 계획을 발표했다. 2025년까지 10종의 전기차를 한국 시장에 내놓을 계획을 발표하면서도 한국에서는 전기차 생산 계획이 없음을 천명하였다. 이는 매우 충격적인 내용이다. 차량 전동화의 핵심에 순수 전기차를 두고 2025년까지 30종을 개발하여 전 세계에 자사 차량 중 40퍼센트 이상을 순수 전기차로 판매하겠다는 것이다. 나아가 2035년에는 내연기관차 생산과 판매를 중단하겠다고 선언했다. 그러나 이러한 글로벌 생산 계획에 한국GM은 제외됐다.

---

* 이 글은 2022년 1월 5일 한국경제신문에 '차량전동화 제대로 가고 있는가'로 게재되었다.

차량 전동화의 핵심인 배터리의 중요 파트너사는 LG에너지솔루션이다. 그리고 상당량의 모터 핵심 부품을 LG마그나와 협력한다. 반도체를 비롯한 각종 통신 및 인포테인먼트용 전기 전자 부품도 한국에서 생산하고 조달되고 있다. 그런데도 그들은 한국GM을 순수 전기차 생산기지에서 제외하였다. 개발과 물류의 이점을 상쇄하는 반대급부가 있다는 논리다. 순수 전기차 생산기지가 갖추어야 할 노동생산성이 낮은데다가 노사 문제로 인한 생산 계획의 불확실성이 크다는 이유일 것이다.

다른 측면도 고려해보자. 최근 르노삼성은 르노와 중국의 질리가 공동으로 개발한 순수 전기차를 부산에서 생산한다고 발표하였다. 이는 미중 무역 갈등 속에서 중국산 순수 전기차 수출이 어려워지자 르노그룹이 한국을 고려한 것이다. 순수 전기차에 대한 주문자 상표 부착 생산OEM 기지로 한국을 고려하는 것일 뿐, 개발과 부품 조달 측면의 고려는 전혀 보이질 않는다.

현대자동차는 어떠한가? 2021년 12월 23일 정의선 회장은 중대한 결단을 내려 연구개발 조직에 일대 변혁을 주었다. 38년간 운영한 엔진개발센터를 없애고 엔진 개발조직을 전기차 개발조직으로 바꾸며 더 이상의 신규 엔진 개발은 없음을 천명하였다. 아울러 파워트레인이라는 엔진-미션 구동체계에 추진 시스템Propulsion System이라는 용어를 쓰도록 하였다. 2018년 11월에 이르러서는 이마저도 차량 개발조직에 통합하면서 완전한 순수 전기차 회사로 탈바꿈하였다.

그러나 이렇게 비슷한 두 회사의 변신에는 커다란 차이가 숨어 있다. 사실 전동화 이면에는 엔진을 모터로 대체한다는 엄청난 변화가 있다. 엔진과 관련된 부품이 없어진다는 것이다. 내연기관 차량을 구성하는 부품의 3분의 1가량이 없어진다는 뜻이다. 엔진은 없어지고, 미션은 다단 기어가 불필요한 싱글 기어로 단순화되며, 엔진 작동과 연관된 흡기 및 배기 시스템과 연료 시스템이 없어진다. 부품 산업계의 커다란 변화는 물론이고 차량 조립과 관련한 프로세스가 단순화된다. 자연히 기존 생태계의 구조조정이 불가피하고 새로운 생태계의 탄생을 피할 수 없다. 제너럴모터스는 2018년 조직 변화 발표와 더불어 전 세계 7개의 공장을 폐쇄하면서 미국 내에서 15퍼센트 인원에 해당하는 6,000명의 구조조정을 단행하였다. 직원뿐만 아니라 경영진 25퍼센트 축소도 포함되었다.

분명 차량 전동화는 자동차 산업 100여 년 역사 속에서 가장 큰 변화이자 도전이다. 이러한 변화에는 생태계의 뼈아픈 대변신이 기다리고 있다. 기존 내연기관으로 조성된 생태계의 구조조정은 불가피할 것이고 새롭게 태어나는 전동화로 신속하게 전환이 이뤄져야 한다. 문제는 속도다. 전동화의 핵심에 있는 배터리, 모터, 전력전자 부품, 전력반도체, 소프트웨어 산업 등에 대한 체계적 육성과 지원이 필요하다.

왜 제너럴모터스와 르노는 물론이고 심지어는 현대자동차도 순수 전기차의 생산기지로서 한국을 우선으로 고려하지 않는지에 대한 통렬한 성찰도 필요하다. 과거 내연기관차 시절 한국이 글로벌 생산기지로 잘 나갈 때 가지고 있던 경쟁력이 바로 우수한 노동생산성, 생산기술력, 기술 개발력, 그리고 부품업체 생태계 조성이었다. 그런데 전동화 관점에서도 이러한 경쟁력이 계속 유효한지를 살펴봐야 한다. 이제는 국가 차원에서 부족한 점이 있다면 어떻게 극복하고 동기부여를 할지 짚어보고 나서야 할 시기이다.

누가 배터리 경쟁의 주도권을 차지할 것인가*

2020년 테슬라의 배터리데이에서 CEO 일론 머스크는 전기차의 미래에 대한 방향과 도전 과제를 제시하였다. 그가 전기차 업계에 워낙 지대한 영향을 미치는지라 일거수일투족에 촉각을 곤두세웠다. 발표를 요약하면 2022년까지 배터리 가격을 56퍼센트 절감해 2만 5,000달러짜리 전기차를 시장에 내놓겠다는 것이다. 배터리 분야에서 선두를 자처하는 우리나라 입장에서는 이러한 메시지를 다양한 각도로 분석하여 대응책을 마련하여야 한다. 테슬라 배터리데이를 지켜보면서 몇 가지 시사점을 정리하면 다음과 같다.

첫째, 전기차를 더 이상 차세대형 미래 자동차가 아니라 일반 대중차로 인식하고 적절한 가격을 제시하였다. 내연기관차로서 쌓아온

---

* 이 글은 2020년 9월 28일 인터넷신문 ZDNet에 '테슬라 배터리데이가 우리에게 준 교훈 5가지'로 게재되었다. 그리고 2021년 12월 기준 추가하고 싶은 내용을 덧붙였다.

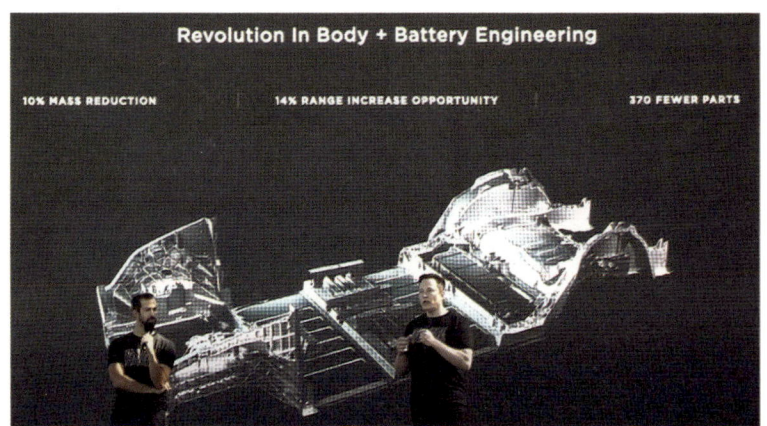
테슬라는 2020년 9월 22일 미국 실리콘밸리 프리몬트 공장 주차장에서 '배터리 데이'를 열었다.

자동차 생태계에서의 경험에 비추어보면 2만 5,000달러 수준은 적절한 자동차 가격이다. 테슬라는 이 가격대를 달성하는 방법도 제시하였다. 그간의 틈새시장 지향 전략에서 탈피하여 대중적 차량업체로의 변신을 꾀하고 있다.

둘째, 원가절감 가능성 중에서 설계와 공정의 중요성을 일깨웠다. 56퍼센트의 절감 아이디어 중 무려 32퍼센트가 설계와 공정과 관련된 아이디어이다. 창조적 원천기술도 양산화로 연결되려면 시장원리에 따른 생산기술이 뒷받침되어야 한다. 테슬라는 그걸 뼈저리게 실감하고 실천하고 있다. 다만 발표한 건식 전극 코팅 및 고속 전해액 충진 생산방식이 과연 자동차 업계가 요구하는 피피엠ppm 단위의 품질 조건을 맞출 수 있을지는 지켜볼 사항이다.

셋째, 가장 큰 기술 장벽은 역시 소재 기술에 있다. 일론 머스크는 음극재와 양극재 기술에서 17퍼센트 원가절감 가능성을 제시하였다. 이 부분이 업계에서는 발표 전 가장 궁금했던 관전 포인트였다.

로봇택시용 100만 마일 단결정 양극재 등과 같은 혁신 전지에 대한 구체적 언급이 기대되었지만 발표는 이를 충족하기에는 다소 미흡했다. 단지 기존 3원계 배터리(니켈, 망간, 코발트를 조합한 소재를 양극재로 사용하는 배터리) 및 리튬인산철 배터리를 용처에 따라 구분 적용하겠다는 정도의 발표는 아쉬움으로 남는 대목이다.

넷째, 배터리 내재화에 대한 강한 의지를 피력하였다. 배터리 소재의 확보는 물론이고 양산공정기술을 고려하여 유관 업체를 인수하려는 전략은 확고해 보였다. 비단 테슬라만이 아니라 여타 자동차 제조사들도 배터리를 자체 생산하여 주도권을 점하려는 경향성은 배터리 부품 업계에는 큰 걸림돌이자 풀어야 할 난제이다.

다섯째, 배터리에 대한 치킨 게임을 촉발하려는 의도가 다분히 눈에 띄었다. 이 점이 가장 우려되는 부분이다. 세계 6대 배터리 업체 중 3곳이 우리나라 업체이다. 이들이 한결같이 3원계 배터리 사업을 하고 있다는 점에서 치킨 게임의 희생양이 되지 않도록 지혜를 모아야 한다. 2019년 기준으로 배터리 가격은 팩 단위로 볼 때 1킬로와트시당 156달러라서 테슬라가 제시한 절감 목표치 56퍼센트를 적용하면 1킬로와트시당 70달러이다. 그런데 과연 이 가격이 2022년에 3원계 배터리로써 달성 가능할지는 매우 회의적이다. 업계 분석에 의하면 2023~2024년경에 1킬로와트시당 100달러가 가능하다고 본다. 자동차 산업 생태계가 건전히 공동 발전할 수 있는 합리적 목표치로 보인다. 결국 테슬라의 다소 황당한 목표치에 현혹되지 않는 자제력이 필요하다.

마지막으로 테슬라 강점은 소프트웨어 개발에 있다. 굳이 배터리 데이에서 완전자율주행 베타 버전을 1년 6개월 안에 제시하겠다는 발표를 하였다. 카메라 센서에 의한 영상인식 알고리즘은 인텔의 모빌아이 솔루션이 시장에서 선두의 위치를 유지하고 있다. 하지만 테슬라는 이에 굴하지 않고 알고리즘은 물론 비메모리 반도체까지도 독자 개발한 것이다.

종합적으로 볼 때 배터리데이라는 명칭에 걸맞은 기대를 충족하기에는 핵심 내용이 빈약해서 소문난 잔치에 먹을 것이 없는 꼴이 되고 말았다. 다만 전기차 업계의 페이스메이커인 테슬라가 생태계에 미치는 영향, 속도, 방향성을 고려할 때 해당 경쟁에 함께 참여하는 우리나라로서는 이를 역으로 활용할 줄 아는 지혜와 전략을 갖춰야 할 것이다.

**

테슬라가 제시한 배터리팩 가격의 목표치인 1킬로와트시당 70달러는 3원계 리튬이온 배터리로는 불가능하다. 그래서 테슬라는 이를 극복하고자 아마도 리튬인산철LFP 배터리를 장착한 모델 3을 판매하는 모양이다. 참고로 리튬인산철 배터리는 LG에너지솔루션의 NCM(니켈, 코발트, 망간) 3원계 배터리와 비교해 에너지 밀도가 40퍼센트가량 낮다. 따라서 같은 에너지를 담기 위해서는 부피가 커지고 무게가 늘어나는 반면에 가격이 30퍼센트가량 싸면서 배터리의 열화 정도가 낮아 화재와 같은 안전도는 높은 장점이 있다. 결국 테슬라가 호언장담한 배터리팩 가격 목표치인 1킬로와트시당 70달러는 리튬인산철 배터리로 맞추는 대신 주행거리가 짧고 가격대가 낮은 차에만 적용할 것이다.

자동차사의 배터리 내재화는
갈 길이 멀다*

2021년 3월 15일에 독일 자동차 회사 폭스바겐 파워데이를 개최하였다. 폭스바겐 전기자동차용 배터리에 대한 미래 청사진을 제시하는 자리였다. 테슬라가 개최한 배터리데이와 같은 성격의 행사였다. 테슬라와 폭스바겐이 자동차 자체가 아니라 구성 부품을 대상으로 대규모 행사를 개최한 것은 매우 이례적인 일이다. 하지만 다가오는 전기차 시대는 배터리가 경쟁력을 좌우하는 결정적 요소라는 방증이기도 한 것이다. 참고로 미국 제너럴모터스의 전기차인 볼트의 사례를 보면 배터리가 총재료비의 40퍼센트 수준에 이른다.

폭스바겐의 파워데이와 테슬라의 배터리데이의 공통적 특징은 양사가 배터리를 자체 생산하겠다는 계획을 발표한 것이다. 원가 및 기

---

* 이 글은 2021년 4월 7일 한국경제신문에 '폭스바겐 배터리 내재화란 암초'로 편집 게재되었다. 그리고 2021년 12월 기준 추가하고 싶은 내용을 덧붙였다.

폭스바겐은 2021년 3월 15일에 '파워 데이'를 열었다.

술에 있어 전기차의 핵심 요소인 배터리를 부품 공급사에 전적으로 의존할 수는 없다는 메시지를 피력하였다. 참고로 현재 전 세계 배터리 공급의 85퍼센트 수준을 한국의 3사인 LG에너지솔루션, 삼성SDI, SK이노베이션과 중국의 2사인 CATL, BYD, 그리고 일본의 파나소닉 등 6개 회사가 점하고 있다. 폭스바겐과 테슬라는 2025년에 80기가와트시와 1테라와트시를 내재화하며 2030년에 각각 240기가와트시와 3테라와트시로 확장한다고 발표하였다. 참고로 폭스바겐이 2030년에 계획한 240기가와트시란 규모는 60킬로와트시(제너럴모터스의 볼트 사이즈) 전기차를 400만 대 생산할 수 있는 규모다.

  동시에 폭스바겐과 테슬라는 배터리 가격을 획기적으로 줄이는 방안을 구체화하였다. 폭스바겐은 50퍼센트, 테슬라는 56퍼센트를 줄이는 방안이었다. 전기차 판매가를 조기에 내연기관차 수준으로 하려는 의도로 보인다. 2019년 기준으로 배터리 가격은 팩 단위로 볼 때 1킬로와트시당 156달러이므로 테슬라의 목표치 56퍼센트를 적용하면 1킬로와트시당 70달러인데 과연 달성할 수 있을지는 의문이다. 업계가 분석한 2023~2024년경에는 1킬로와트시당 100달러 정도의 가격이 생태계가 건전히 발전할 수 있는 합리적 목표치로 보인다. 결국 폭스바겐과 테슬라 양사의 선언적 목표치가 배터리 공급사 간에 치킨 게임이 되지 않도록 하는 세심한 주의도 요구된다.

원가절감 아이디어를 상세하게 살펴보면 설계, 생산공정, 재료 분야 등으로 분류할 수 있다. 공통점이라 하면 규격 표준화로 대량생산을 유도하여 규모의 경제를 실현하려는 것이다. 폭스바겐은 2030년까지 80퍼센트의 배터리를 각형으로 통일화하겠다고 밝혔다. 테슬라는 4680 사이즈(원통 지름 46밀리미터, 높이 80밀리미터)의 원통형 배터리를 제시하였다. 동시에 전극 생산에서는 건식 제조공정을 도입한 획기적인 원가절감을 제시하였다. 재질 측면에서는 양사가 양극재를 가격대별로 분류하여 적용하는 접근법을 제시하였다(저가형은 인산철, 보급형은 코발트 제외, 고급형은 니켈 강화 3원계).

주목할 점은 다수의 한국 배터리 업체가 파우치형 배터리를 생산하는데 테슬라와 폭스바겐이 원통형과 각형 배터리를 주력으로 제시하였다는 것이다. 2020년의 배터리 유형별 점유율을 보면 중국의 영향으로 각형이 여전히 50퍼센트 수준이지만 그 비중은 감소하고 있다. 오히려 에너지 밀도, 경량화, 원가, 열 관리 측면에서 우수한 파우치형의 증가세가 뚜렷한 상황이다. 테슬라와 폭스바겐의 제안은 협력사인 일본의 파나소닉과 스웨덴의 노스볼트를 다분히 의식한 상업적 포석으로 여겨진다. 더욱이 물류를 고려한 공급선의 로컬화가 우선시되어 미국과 유럽에 상당 규모의 파우치형 배터리 공장 건설이 진행되고 있다. 폭스바겐의 각형 제안은 공급망 관리 측면에서

전기차 배터리 형태와 점유율

(단위: GWh)

배터리 유형	2018		2019		2020	
	탑재량	비중	탑재량	비중	탑재량	비중
원통형	29.0	29.0%	32.0	27.1%	33.2	23.0%
파우치형	14.4	14.4%	18.9	16.0%	40.0	27.8%
각형	56.6	56.6%	67.1	56.8%	70.8	49.2%
총계	100.0	100.0%	118.0	100.0%	144.0	100.0%

(출처: SNE리서치, 「한국리딩배터리업체 전략분석(LG화학, 삼성SDI, SK이노베이션)」)

실현성(특히 북미 지역)에 많은 의문을 둔다. 각형이 갖는 기술적 한계를 극복하는 방안에 대해서도 자세한 설명이 전혀 없었다는 점은 매우 아쉬운 대목이기도 하다.

전반적으로 배터리에 대한 핵심 메시지라는 측면에서 보면, 폭스바겐의 파워데이는 테슬라의 배터리데이 6개월 후에 열렸음에도 불구하고 차별화가 부족하다는 것이 중론이다. 그만큼 테슬라의 행보가 거침이 없다는 방증이기도 하다. 양사의 행사에서 보듯이 자동차사의 배터리 내재화 요구는 더욱 거세질 것이다. 하지만 현재의 배터리 공급사의 장벽을 넘기는 힘들 것으로 판단한다. 이들이 쌓아온 설계 및 제조 공법에 관한 수만 개의 특허는 단기간 내에 자동차사가 갖추기에는 한계가 있기 때문이다. 현실적 대안은 상당 기간 자동차사와 배터리 제조사 간의 전략적 협업 내지는 짝짓기가 주류를 이룰 것이다.

✻ ✻

폭스바겐이 각형 배터리로 방향을 선언하면서 국내 파우치형 배터리를 생산하는 LG화학과 SK이노베이션의 주가가 하락하기도 하였다. 그러나 나는 폭스바겐의 이러한 전략에 의구심을 품고 있다. 각형 배터리가 안전도 측면에서는 조금 유리한 것은 사실이나 재료 비율이 높아 가격경쟁력이 낮을 뿐더러 에너지 밀도가 낮아지는 부정적 측면이 있기 때문이다. 폭스바겐은 현실적으로 파우치형 리튬이온 배터리와 함께해야만 할 것이다.

아울러 폭스바겐이 천명한 배터리 내재화는 상당한 시간이 걸릴 것으로 본다. 참고로 3원계 리튬이온과 관련해서는 LG에너지솔루션을 비롯한 기존 배터리 메이커들이 상당수의 특허를 보유하고 있으므로 신생 업체가 파고들기에는 한계가 있을 것이다. 자동차 제조사는 제너럴모터스, 포드, 크라이슬러와 같이 합작 형태의 제휴를 통한 배터리 조달을 모색할 수밖에 없다고 본다. 결국 자동차 제조사의 배터리 내재화는 새로운 패러다임의 배터리로 판을 완전히 새로 바꿀 때나 가능한 대안이다.

퍼스널 모빌리티와
초소형 전기차가 뜬다

중국에 가면 전기 자전거가 대중화되었음을 실감하게 된다. 중국의 전기 자전거는 속도 시속 25킬로미터 미만, 무게 55킬로그램 미만으로 규정하고 등록제를 시행하여 등록판을 갖추어야 한다. 중국은 전기 자전거 이전에도 일반 자전거에 관한 한 거대 강국이었다. 막강한 국내 수요에 힘입어 부품 및 조립 산업 등 생태계가 완벽히 조성되어 있어 전 세계 수요의 70퍼센트를 공급하였다. 이 시장이 전동화 바람에 힘입어 전기 자전거 시장으로 전환되고 있다. 더욱이 코로나19로 촉발된 소비문화의 개인화는 구독경제의 정착과 함께 퍼스널 모빌리티Personal Mobility로써 전기 자전거와 킥보드가 대중화되었다. 이러한 퍼스널 모빌리티 사업에 뛰어든 업체로는 한국의 킥고잉KickGoing, 미국의 버드Bird, 베트남의 패스트고FastGo 등이며 한국 시장 현황과 전망은 〈퍼스널 모빌리티 제품별 연간 시장 규모〉와 같다.

퍼스널 모빌리티 제품별 연간 시장 규모

구분		2019년	2020년	2024년 (5년 후)	2029년 (10년 후)	추이
원휠자이로타입 (핸들바 없음)		7,694대	7,428대	8,902대	16,729대	1
투휠자이로타입 (핸들바 없음)		2,359대	2,064대	1,737대	1,551대	1
자이로타입 (무릎 컨트롤바 있음)		7,059대	6,266대	5,273대	5,140대	1
자이로타입 (핸들바 있음)		589대	1,368대	1,671대	2,344대	1
전동 킥보드		96,175대	145,708대	239,928대	402,208대	1
전기자전거		19,639대	24,915대	39,401대	65,482대	1
합계		133,515대	187,749대	296,912대	493,454대	

(출처: KOTI Special Edition 05(2020. 6, Vol. 2))

또 다른 차량 전동화 측면에서 초소형 전기차를 알아보자. 국토교통부는 2018년에 초소형 전기차의 차급을 정의하고 성능 기준을 제시하였다. 초소형 전기차에 대한 한국과 일본의 정의는 〈퍼스널 모빌리티 제품별 연간 시장 규모〉와 같으며 르노삼성사의 트위지 전기차와 비교되어 있다. 우리나라의 초소형 전기차 판매 실적은 2020년 누적 6,957대이며 르노삼성의 트위지를 비롯해 6개 이상의 국내 중소기업(쎄보-C, 다니고 3, 마이브-M1, EV Z 등)이 있다. 초소형 전기차 생태계의 건전한 육성을 위한 규모의 경제를 촉진하기 위해 산업통상자원부는 중소 중견 기업 지원을 위한 전기차 개방형 공용 플랫폼 사업을 펼치며 지원하고 있다. 다만, 현재는 자동차 전용도로 운행이 불가하여 동네 근거리 이동 수단NEV, Neighborhood Electric Vehicle으로 용처가 국한되어 있다.

일본도 2020년 9월 국토교통성에서 초소형 모빌리티(한국의 초소

초소형 전기차에 대한 각국의 정의

	최고 출력	최고 속도	최대 장폭고(M)	최대 중량(Kg)	승차 정원
한국	15Kw	80Km/h	3.6×1.5×2.0	승용 600 화물 750	(2명)
일본	초소형 경차 0.6Kw 초과	60Km/h	2.5×1.3×2.0		2명
	제1종 원동기 0.6Kw 이하			적재량 30	1명
유럽 트위지	12.6Kw	80Km/h	2.34×1.24×1.45	공차중량 475	2명

형 전기차와는 다른 용어)를 〈초소형 전기차에 대한 각국의 정의〉에서와 같이 정의하고 일반도로를 주행할 수 있도록 도로운송차량법의 시행규칙 일부를 수정하였다. 여기서 초소형 모빌리티라 함은 일반 경차보다도 작은 길이 2.5미터, 폭 1.3미터, 높이 2미터 이하의 이동 수단을 지칭한다. 고속도로 진입은 불가하나 일반도로 주행은 가능하다. 하지만 시속 60킬로미터 이하라는 표시 마크를 의무적으로 부착하도록 하였다. 참고로 도요타는 2020년 말 2인승 전기차 시플러 스팟C+Pod을 지자체에 납품하였다. 1년 뒤인 2021년 말에는 이를 일반에 시판하기 시작하였다. 크기는 일본 초소형 모빌리티 규제를 만족시켰으며(2.49×1.29×1.550미터) 최고 속도는 시간당 60킬로미터, 주행거리는 150킬로미터, 가격은 세금 포함 165만~171.6만 엔으로 책정하였다.

중국에서는 특별히 초소형 전기차에 대한 구분이 없고 저속 전기차라 하여 시속 40~70킬로미터의 차량이 있다. 운전면허 없이 주행이 가능한 대신 납축전지 사용으로 신에너지 보조금이 없고 오히려 정부의 규제를 받는 실정이다. 홍광 미니 전기차는 차량 크기 측면에서는 한국 기준으로 초소형 전기차에 해당하지만 중국에서는 고속

도요타사의 2인승 전기차 C+Pod

도로도 주행할 수 있는 일반 전기차로 분류된다.

그리고 작고 저렴한 전기차와 관련해 주목할 동향 중 하나는 인도의 오토릭쇼Autorickshow이다. 대표적인 전기 오토릭쇼는 마힌드라사의 트레오TREO이다. 인도 특유의 이동 수단인 삼발이 자동차 오토릭쇼 시장은 2018년 기준으로 판매량에서 전기 오토릭쇼가 내연기관 오토릭쇼를 추월하였다. 인도전기차제조협회에 의하면 2018년 연간 63만 대 규모인 전기 오토릭쇼 판매가 2024년에는 94만 대 수준에 이를 것으로 예측한다. 전기 오토릭쇼는 240만~560만 원대의 가격으로 납축전지 혹은 리튬이온 배터리를 장착하며 인도 로컬 제조사인 바자즈, 마힌드라, 키네틱 등이 치열하게 경쟁하고 있다.

이러한 인도 전기 오토릭쇼 시장 동향에서 흥미로운 점은 충전 대기시간을 단축하기 위한 배터리 교체 스테이션Battery Swapping Station이다. 운송사업자의 영업시간을 증대하는 방안으로 평가되어 아마존은 배송서비스에 활용하기 위해 2025년까지 1만 대의 전기 오토릭쇼를

인도의 전기오토릭쇼 마힌드라사의 트레오

주문하였다. 공유서비스 업체인 올라Ola는 승차 공유 서비스 확대를 위해 1만 대의 전기 오토릭쇼를 확보할 계획이다.

동남아시아에 가면 길거리에서 수많은 오토바이를 볼 수 있다. 그만큼 자동차 보급률이 상대적으로 낮다. 중국의 전기 자전거 내지는 인도의 전기 오토릭쇼에서 보듯이 차량 전동화는 형태는 달리하지만 내연기관 차량에 의한 대기오염의 심각성을 심각히 경험하고 있는 저개발 국가, 특히 동남아 국가에서 탄소중립과 더불어 도도히 진행될 것이다.

전기차 보조금은
일자리 창출과 연계해야 한다*

    정부는 친환경 규제에 대응 방편으로 전기차에 대한 보조금 지급 제도를 운영하고 있다. 2021년에도 1조 원 예산 운영으로 전기차 보급 목표인 10만 대를 초과하는 데 기여하였다. 2022년에는 2021년도의 2배가 넘는 20만 7,500대의 전기차 보급을 목표로 새로운 보조금을 운영하는 업무처리 개편안을 1월 19일에 산업통상자원부, 환경부, 기획재정부가 행정 예고하였다. 이러한 제도는 세계 여러 나라에서도 유사하게 운영되고 있다. 그런데 운영의 지향점에 극명한 차이가 있음을 유의해야 한다.

    전기차의 최대 시장인 중국을 살펴보자. 중국 정부는 2010년대 중반부터 신에너지 자동차 산업의 기술 혁신력 향상 방안으로 '3종3횡

---

* 이 글은 2022년 1월 23일 자동차 뉴스 채널인 데일리카에 '미·중 사례, 수정돼야만 하는 전기차 보조금 정책… 왜?'라는 제목으로 게재되었다.

기술'을 정의하고 집중 지원하고 육성하였다. 중국 정부는 이들에 대한 기반 기술 혁신 플랫폼 구축을 위해 보조금을 지원함은 물론이고 관세 등을 통해 외국 기술의 유입을 근원적으로 차단하였다. 그리고 초기 수요처인 공공 서비스 분야에서 각종 특혜를 부여함으로써 활로를 제공하였다. 특히 배터리는 2016년부터 소위 보조금 수령이 가능한 화이트리스트를 작성하고 각종 편법을 동원해 노골적으로 타국 제품을 배제하며 자국 기업을 지원하였다. 이러한 제도가 지난 5년간 지속되면서 전기차 생태계가 자국산으로 형성되었기에 이제는 보조금을 축소하는 자신감을 표출하기 이르렀다. 2023년부터는 보조금 제도를 폐지할 방침이다.

중국에서 보조금 지급에 따른 한국 제품의 혜택은 없었다. 그런데 역으로 한국 정부의 보조금 운영에 따른 중국은 어떠한 혜택을 보았는가? 좋은 예가 전기버스 보조금이다. 2021년 10월까지 전기버스 누적 판매량은 국산 446대, 중국산 216대이다. 2020년과 비교해 국산은 44퍼센트가 증가했는데 중국산은 116퍼센트나 증가하였다. 전기버스에 대한 환경부와 지자체 보조금이 약 1.2억~1.6억 원 가까이 되니(저상버스 보조금 9,000만 원은 제외하고라도) 수백억 원이 2021년 한 해에만 중국으로 유출된 것이다. 국가 간 비대칭의 전형이다.

미국은 어떠한가? 미국 회사 테슬라는 한국에서 2021년과 2020년에 각각 1만 7,828대, 1만 1,826대를 판매하였다. 참고로 국내에서 승용차에 대한 전기차 보조금은 2021년 국비로 대당 800만 원이고 지자체별로 국비와 비례하여 400만~1,000만 원을 추가로 보조하고 있다. 전기 승용차 한 대를 사면 1,200만~1,800만 원의 보조금이 지출되었다. 그러나 이 점에서도 국가 간 비대칭성이 확연하다.

조 바이든 대통령은 자국에서의 전기차 생산을 독려하기 위해 전기차 보조금 제도를 변경하였다. 전기차 구매 시 기본 보조금 7,500달러를 지급하되 미국 내 노동조합UAW을 가진 업체에서 생산한 차량은 추가로 4,500달러를 제공하고 미국산 소재 부품을 50퍼센트 이상 사용한 차량은 추가로 500달러를 제공한다. 미국 내 일자리 창출을 보조금과 연계한 것이다.

중국과 미국의 예에서 보듯이 전기차 보조금 지급과 관련해 국가 간 비대칭성은 이제 수정돼야 한다. 우리의 전기차 산업을 보호하고 내연기관 관련 부품사의 전환을 위한 재원을 확보하기 위해서라도 반드시 바꿔야 한다. 그리고 전기차 산업 생태계의 일자리 창출을 위해서도 꼭 필요한 것이다. 차제에 '메이드 바이 코리아Made by Korea'라는 개념을 정립하였으면 한다. 이는 '메이드 인 코리아Made in Korea'에 부품 국산화 개념이 더해진 개념이다. '메이드 인 코리아'로서 국내에서 조립 생산되는 전기차에 기본 보조금을 적용하여 국내에서 전기차 생산을 꺼리는 현상을 근절하고, 동시에 국산 부품을 사용하면 추가 보조금을 지급하는 안이다.

추가 보조금도 둘로 구분하여 하나는 배터리, 나머지는 기타 전장 부품(모터와 전력전자 부품인 인버터, 컨버터, 차량 내 충전기 등)으로 세분하여 추가 보조금을 적용하면 어떨까 싶다. 이러한 제안이 새로운 것은 아니지만 제안이 나올 때마다 세계무역기구WTO의 제소를 우려하는 목소리가 있었다. 그러나 미국과 중국은 어떻게 이를 피하고 있는지를 분석하면 방안이 나올 것이다. 우리의 혈세가 경쟁국으로 유출되면서 우리의 일자리를 위협하는 상황은 근절해야 한다.

참고로 우리나라의 전기 승용차에 대한 보조금은 성능(연비, 주행거리) 등에 따라 차등 지급하는 방식을 채택하고 있다. 2021년을 기준으로 보면 현대자동차의 코나 기본형은 800만 원, 한국GM의 볼트는 760만 원, 테슬라의 모델 3(Long Range HPC)는 750만 원을 받았다. 우리나라 전기차 중 최고 판매를 자랑하는 현대자동차의 포터Ⅱ 일렉트릭은 1,600만 원, 그리고 초소형 전기차인 디피코의 포트로는 600만 원을 받았다. 승합 대형 버스는 현대자동차의 일렉시티 256, 에디슨모토스의 이화이버드, 자일대우의 BS110CN 등이 국고지원금 중 최고치인 8,000만 원을 받았다. 중국의 북경모터스 그린타운은 5,602만 원을 받았다.

대형 전기버스를 구매할 때 특정 업체 독점 방지를 위해 10대 이상 구매 시 한 업체에서 50퍼센트 이상을 구매하는 것을 금지하고 있다. 아울러 최소한 본인 부담이 1억 원이 되도록 규정하였다. 그런데 이러한 제도가 오히려 중국 업체에 유리하게 작용하고 있다. 전기차 가격을 교묘히 올려 얻는 수익을 고객에게 다른 방식으로 돌려주는 백마진도 발생하고 있다. 이런 편법을 근원적으로 차단하기 위해서는 수입원장 내지는 출하가를 기준으로 특정 퍼센트 이상 보조금을 주지 않는 제도도 검토해야 한다.

소재 공급망 관리와
전기 공급 방안이 이슈이다

전기차가 언급될 때마다 4가지 이슈가 거론되었다. 바로 짧은 주행거리, 비싼 가격, 부족한 충전 인프라, 긴 충전 시간이다. 4가지 이슈 중에서 충전 인프라를 제외하고는 나머지 모두가 배터리 기술과 직접 연관되어 있다. 현재 배터리 기술의 획기적인 개선은 전기차에 대한 부정적 이슈를 잠재울 만한 수준까지 이르렀다. 이제 전기차가 친환경 차의 면모를 갖춘 미래차의 대세로 자리매김하는 상황에서 이를 뒷받침한 리튬이온 배터리의 기술 발전과 양산성 확보로 전기차 이슈는 점차 그 양상을 달리하게 되었다.

지금까지 논란이 끊이지 않았던 4가지 이슈는 현재 어떤 상황으로 바뀌었을까? 먼저 주행거리를 보면 3원계 양극재를 사용하는 리튬이온 배터리는 에너지 밀도가 킬로그램당 250와트시 이상 되고 제너럴모터스의 볼트처럼 66킬로와트시의 배터리를 장착하면 414킬로미터 이상 주행이 가능하다. 다임러와 현대자동차 등은 1~2년 이내에 500킬로미터를 보장하는 전기차를 출시할 예정이니 더 이상 주행거리가 전기차의 확산을 가로막는 요소는 아니다.

충전 속도와 관련해서도 이제는 급속충전에 대한 진척이 속속 이루어져 100킬로와트시 충전기를 사용하면 150킬로미터 정도의 거리는 불과 15분가량의 충전으로 가능하다. 물론 내연기관차의 가솔린 내지는 디젤 주유와 비교하면 경쟁력이 떨어진다. 하지만 커피 한 잔 마시는 시간의 여유에 150킬로미터 거리를 달릴 수 있는 충전 속도라면 더 이상 충전 속도와 시간이 전기차로의 대세를 가로막는 장애 요소라 할 수 없다.

전기차 가격 이슈는 배터리 가격과 직결된다. 전기차가 내연기관차와 같은 가격을 형성하려면 배터리팩 가격이 킬로와트시당 100달러 정도가 되어야 한다. 여러 기관에서 이 수치는 2025년 즈음에 가능하리라 예측하였다. 전기차 제조사는 그때까지 경쟁력을 보완하기 위한 다양한 대책을 강구하고 있다. 가격에 매우 예민한 중소형 승용차는 3원계 배터리에 비해 30퍼센트 정도 저렴한 리튬인산철 배터리를 고려할 수 있다. 그러나 리튬인산철 배터리의 에너지 밀도가 떨어지기 때문에 주행거리가 감소하는 약점을 감내해야 하므로 근본적 솔루션은 아니다. 또 다른 방책으로는 보조금 정책과 연계하여 일정 기간 보호받는 것이다. 보조금 정책은 환경 보호를 위해 전기차를 보급하려는 의도만이 아니라 미래기술로서 배터리를 육성하려는 각국의 자국 기술 보호 방안과 효율적으로 연계되어 있다.

이제 전기차 사업은 초기 사업화 이후 도래하는 죽음의 계곡을 어느 정도 통과하는 시점인 것으로 보인다. 초기에 의문시되었던 근원적, 기술적 이슈가 해소되면서(물론, 아직도 충전 인프라는 미흡하지만), 향후 이슈는 생산성과 공급망 문제로 옮겨가는 듯하다. 특히 핵심 소재의 공급망 이슈가 생산성을 좌우하는 관건이 될 것이다. 비단 배터리에 국한되지 않고 전기차를 구성하는 핵심 부품인 모터와 전력반도체 등으로 그 전선이 확산될 것이다.

전기차의 공급망 이슈는 크게 배터리, 모터와 주변 전력전자 부품, 스마트카 부품으로 구분할 수 있다. 내연기관차에서 전기차로 전환하면서 차별적으로 수요가 창출되거나 증대되는 영역이다. 배터리는 리튬을 비롯한 3원계 양극재를 형성하는 망간, 니켈, 코발트에 대한 공급망 이슈가 핵심이다. 모터와 주변 전력전자 부품도 공급망 주요 부품으로 규소강판, 자석용 희토류, 실리콘 카바이드$_{SiC}$ 전력반도체 등을 고려해야 한다. 그리고 전기차로 촉발된 미래차는 마치 스마트폰과 같이 사용자 편의성이 증대되면서 디스플레이의 장착이 보편화되고, 아울러 각종 센서로 무장한 운전 보조 기능이 대폭 향상된다. 이러한 스마트카와 자율주행차로의 변화는 자동차가 전기·전자화한다는 의미이기에 이에 따른 상당한 양의 차량용 반도체가 필요하다.

아울러, 전기차의 확산은 전기 공급 능력과 이를 구성하는 에너지 포트폴리오 측면에서 분석, 고려되어야 한다. 우리나라에서 도로 운송에 사용되는 연료를 살펴보면 2020년의 경우 가솔린 7,900만 배럴, 디젤 1억 3,500만 배럴이었다. 이를 (에너지법 시행규칙에 의거) 단순히 전기에너지로 환산하면 총 338테라와트시에 해당한다. 이는 총 발전량인 552테라와트시의 61퍼센트에 해당한다.

우리나라의 2021년 말 전기차 보급율은 1퍼센트에 지나지 않지만, 급속히 확산되면 발전량도 함께 증가되어야 하므로 이를 뒷받침하는 전기 생산 능력을 재점검하여야 한다. 물론 전기차용 전기는 친환경이라는 소기의 목적을 달성하기 위해 원자력 내지는 재생에너지로 얻어지는 무공해 전기여야 한다. 이제 전기차의 핵심 이슈가 타당성 조사 단계를 벗어나 누가 생산성 있게 전기차를 공급하면서 전기를 생산하는 방식까지도 고려한 근원적 친환경 목표를 달성하나로 옮겨 가고 있다. 특히, 생산성의 관건이 핵심 소재의 공급망 이슈로 판가름날 터인데 이는 국제 정세의 변화로 나타나는 지역 이기주의와 맞물려 복잡도가 매우 높아지고 있다. 아울러, 전기차의 증가는 필연적으로 전기 생산 능력과 이를 뒷받침하는 에너지 포트폴리오 정책 이슈와 긴밀히 맞닿아 있다.

2장

자율주행과 미래차의
핵심 경쟁력

어떻게 자율주행 생태계를
제대로 갖출 것인가*

　자동차 산업의 미래 변화가 비즈니스와 어떠한 타이밍에 어떻게 연계되고 전개될 것인지에 따라 업계 판도가 요동칠 것이다. 이 중에서도 자율주행 분야는 궁극적으로는 운전자 없는 자동차를 지향한다는 점에서 그 파급 효과가 매우 클 수밖에 없다. 운전자가 필요 없는 상황을 생각해보면 자동차 디자인에 대한 기본 개념이 완전히 달라지기 때문이다. 운전자를 위한 각종 기기, 예를 들면 계기판, 운전핸들, 브레이크 페달, 실내외 거울, 기어 조작기기 등이 필요 없어진다. 지금까지 우리가 알고 있던 자동차와 사뭇 다른 자율주행차가 가져올 비즈니스의 지형 변화를 슬기롭게 예측하고 대응하여야 자동

---

* 이 글은 2019년 8월 28일 인터넷신문 ZDNet에 '자율주행 상업화, 안전 문제 해결이 필수다'로 게재되었다. 2년 전 글이나 지금도 유효하고 오히려 자율주행의 실상이 점차 드러나는 시기에 더욱 필요한 현실적 관점이 담겨 있다.

차 산업 생태계의 균형적 발전을 도모할 수 있다.

운전자가 필요 없는 완전자율주행FSD, Full Self Driving의 도입 시기에 대한 의견은 분분하다. 기술적으로는 2020년대 중후반이면 실현할 수 있다는 것이 중론이다. 다만, 이러한 기술적 가능성도 상업화되기까지는 많은 난관이 예상된다. 일례로 자율주행 차량과 비자율주행 차량이 공존하는 시기에 대한 제도적, 법적 장치가 정비되어야 한다. 기술의 상용화를 위한 제도를 정비하는 시간, 즉 아무리 진보된 기술이라도 실생활에 적용하려면 사회적 합의가 도출되어야 하는 시간이 필요하다. 그런데 이 시간이 예상보다 많이 걸릴 것 같다. 자율주행을 실제로 적용하기까지의 로드맵을 예견하고 이에 따라 유관 사업을 미리미리 정리 정돈하는 것이 바로 생태계를 건전화하는 지름길이다.

자율주행의 단계는 총 5단계로 분류된다. 요약하자면 단계별로 운전자로부터 없앨 수 있는 부분으로 구분한다. 1단계는 다리 작동, 2단계는 손, 3단계는 눈, 4단계는 운전자의 마음, 5단계는 운전자 자신을 없애는 단계이다. 참고로 2단계까지는 운전자 스스로가 도로 상태를 관찰하나 3단계부터는 자율주행 시스템이 도로를 관찰한다는 점에서 기술적 변곡점이라 할 수 있다.

2018년 말 독일의 아우디 A8 차량에 세계 최초로 3단계 시스템이 장착되고 시판되었다. 그러나 3단계라 하더라도 자율주행을 보장하는 주행 환경은 매우 제한적이고 구체적인 작동 조건과 사고 시 책임 여부는 제작자와 사용자 간 오해를 방지하기 위해 매뉴얼에 상세히 기술되어 있다. 결국 현재의 기술과 도로 환경 등을 고려할 때 가까운 미래에 자율주행이 대중화될 단계는 2단계와 3단계 중간 정도

자율주행 단계

0단계	1단계	2단계	3단계	4단계	5단계
	다리 작동 없음	손 작동 없음	눈 작동 없음	마음 작동 없음	운전자 없음

이다. 통상 3단계 미만의 기술을 통칭하여 첨단 운전자 지원 시스템 ADAS이라 명명하고 상업적으로 소비자에게 제공하고 있다.

자율주행 시스템은 안전과 직결된다. 안전 관련 기술 발전에 대해 검증 절차를 개발하고 동시에 사회적 논의를 자연스럽게 유도하는 제도가 필요하다. 신차평가제도NCAP는 자율주행 시스템 도입을 공론화하는 가장 대표적 합의체제이다. 소비자들은 신차평가제도가 발표하는 별점을 통해 신차의 안전성을 손쉽게 비교할 수 있다. 보편적으로 신차평가제도 주관기관은 안전 관련 신기술에 대해 3~5년 전에 평가 항목, 검증 방법, 평가 배점 등의 프로토콜을 공개하고 충분한 사전 협의를 통해 합의한 후에 안전 평가에 적용한다. 따라서 신차평가제도 동향을 미리미리 살피면 업계 동향을 예견할 수 있다. 벌써 유로 신차평가제도에서는 자율주행 기술의 평가 방향을 포함한 2025년까지의 로드맵을 공개했다. 자율주행 생태계를 준비하기 위하여 우리가 신차평가제도를 주목해야 하는 이유이다.

* *

미래차의 자율주행에 대해서 최근 전문가를 자처하는 이들이 너무

유로 신차평가제도NCAP 로드맵 2020-2025

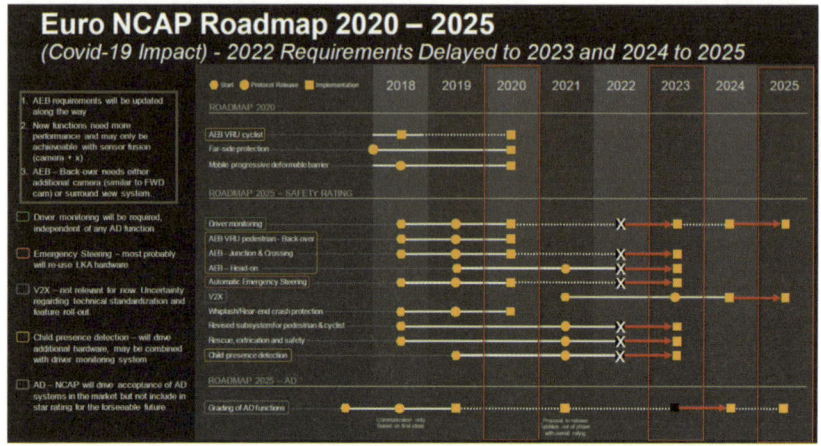

나 많아졌다. 그러다 보니 가끔 불확실한 정보나 전망을 하기도 한다. 특히 5G 이동통신의 자율주행 적용과 관련해서는 마치 자율주행이 눈앞에 와 있는 것처럼 부풀려서 포장하여 발표하는 보도를 종종 목격한다. 신사업을 추진할 때 너무 이른 투자와 개발은 오히려 사업 경제성을 저해하는 경우가 비일비재하다. 사업 현장에는 "한 발자국 앞서가면 대박이지만 두 발자국 앞서가면 쪽박이다."라는 표현이 있다. 자동차 산업이 우리 경제에 미치는 영향은 매우 크다. 그만큼 미래 자동차 산업의 명운을 가늠할 자율주행의 동향은 매우 민감한 사안이고 이는 생태계의 변화와도 직결되어 있다. 이럴 때일수록 차분히 정신을 가다듬어 업계 동향을 살펴보아야 한다. 신차평가제도의 안전성 평가를 충분히 활용하고 나아가서는 이러한 논의 협의체에 적극적으로 참여하여 기술 변화와 사업 적용의 타이밍을 놓쳐서는 안 된다.

완전자율주행에서 중요한 것은 시간보다 방향이다*

최근에 테슬라 CEO 일론 머스크는 2021년에 완전자율주행을 시장에 내놓기는 어려울 것임을 시인하였다. 아울러 미국 도로안전교통국NHTSA은 테슬라 자동차의 충돌 사고 20여 건에 대해 상세 분석을 하고 있다. 한편 미국의 대표적 차량 공유 서비스 업체인 우버와 리프트는 자율주행 관련 부분을 오로라와 도요타에 매각 처리하였다. 그리고 구글에서 분사한 자율주행 전문회사 웨이모의 존 크라프칙 CEO는 4월 말 사업 부진에 책임을 지고 사퇴하였다. 자율주행과 관련한 부정적 뉴스들은 이미 예견된 일로서 그만큼 완전자율주행 상용화까지는 갈 길이 험난하다는 방증이기도 하다.

완전자율주행을 실현하기 위해서는 크게 두 가지 기술이 필요하

---

* 이 글은 2021년 6월 9일 한국경제신문에 게재되었다.

다. 하나는 차량에 장착된 각종 센서를 기반으로 주변 정보를 정확하게 인식하는 것이다. 다른 하나는 통신 기능을 이용하여 보이지 않는 영역에 대한 정보를 입수하여 처리하는 것이다. 센서 기반 방식은 카메라, 레이더, 라이다, 초음파 센서 등에서 입수된 정보를 인공지능 알고리즘을 통해 인식하고 판단하여 차량의 각종 제어기능인 가속, 제동, 조향, 현가 등을 조절하는 것이다. 그리고 통신 기반 방식은 기본적으로 위성항법장치GPS를 활용하여 출발지와 목적지를 기반으로 경로를 탐색한다. 그런데 이러한 두 방식에는 근본적인 기술적 이슈가 존재한다.

센서 기반 방식은 카메라를 활용한 영상 인식이 토대를 이루고 있는데 기술적 기반이 인공지능 활용이기에 이를 뒷받침하는 데이터의 완벽성이 늘 이슈가 된다. 예를 들어 카메라 영상 데이터를 확보하기 위해 전 세계를 대상으로 사계절에 걸쳐 주야로 주행하면서 마일리지를 쌓고 있으나 정작 인공지능 학습을 위한 '위험한 교통사고 상황'에 대한 데이터를 충분히 수집하는 것은 현실적으로 어려움이 많다. 게다가 인공지능이 지니는 근본적 문제, 즉 정합성 보증이 불가하다는 측면은 안전이 최우선인 자동차 산업에서는 골칫거리이다. 물론 그럼에도 불구하고 인공지능을 신봉하는 쪽에서는 그 어떤 대안보다도 확률적으로 안전을 담보하는 최적의 기술이라 주장한다.

그러다 보니 현재의 기술로서 안정적으로 인정되는 기술은 자율주행 5단계 중 2.5단계에 머물고 있다. 2.5단계는 차량 조작에 필요한 운전자의 손과 발은 자유롭게 하되 시선만큼은 완전히 자유롭기가 곤란하다는 것이다. 최근에 자율주행 3단계(시선 처리 자유화)를 발표한 일본의 혼다도 제어의 최종 책임은 운전자에 있음을 분명히 한다.

운전자 모니터링 기능을 완비하고서 만약에 자율주행이 여의치 않은 환경을 인지하게 되면 통제권을 운전자에게 이양하도록 개발되었다. 결국 현재 기술로서는 3단계가 상한이다.

통신 기반 방식은 지도와 위성항법장치를 활용한 내비게이션에 익숙한 방식인데 통신 인프라를 기반으로 하고 있다. 차량과 사물 간 V2X, Vehicle to Everything 통신 기술이 완벽하다면 주변 인프라는 물론 보행자와의 상관관계가 파악되므로 로봇 주행이 가능하다는 것이다. 이를 구현하려면 차량과 사물 간 통신 기술이 전제되어야 한다. 최근 미국 연방통신위원회FCC는 이를 실현하기 위한 통신 표준으로 셀룰러 기반 차량과 사물 간C-V2X 통신을 제정하고 2021년 7월 2일부터 미국 전역에서 시행한다고 발표하였다. 셀룰러 기반 차량과 사물 간 통신의 핵심은 사이드링크이다. 차량과 사물 간 직접 통신을 가능하게 하는 기술이다. 그간 차량과 사물 간 통신 표준은 셀룰러 기반 차량과 사물 간 통신과 함께 단거리 통신DSRC을 지향하는 무선랜 기반의 웨이브WAVE 통신이 병존하였다. 하지만 미국과 중국이 셀룰러 기반 차량과 사물 간 통신을 단일 표준으로 채택함으로써 빠르게 재편되리라 생각된다. 5G 통신의 초연결성을 자율주행과 연계하기 위해서는 범정부적으로 선택을 해야 할 시간이 다가온 것이다.

완전자율주행까지는 기술 개발은 물론이고 제반 규제와 제도를 함께 정비해야 하기에 기대한 것보다는 많은 시간이 필요하다. 그러나 분명한 것은 완전자율주행이 어떤 방향으로 가는지가 중요하다는 점이다. 센서 기반 방식과 통신 기반 방식을 함께 적용할 때 완전자율주행의 완성도를 기대할 수 있다. 센서 기반 방식은 단거리 정보만을 사용하는 반면 통신 기반 방식은 센서가 커버하지 못하는 거리의 정보는 물론이고 더욱 다양한 니즈의 정보를 제공하기 때문이다.

결국 최근에 벌어진 완전자율주행에 대한 실망적 기류는 신기술과 신사업에 대한 캐즘Chasm과 같은 현상이다. 이를 극복하기 위해서는 대규모의 자원 재배치가 불가피하다. 우버와 리프트의 예에서 보듯이 장래 비전으로서 방향성은 인정하면서도 현실적으로 이를 감내할 엄청난 규모의 투자라는 벽을 넘지 못하고 있다. 우리나라는 이를 현명하게 극복하기 위해 우선 규제와 표준을 선행적으로 정립하여 불필요한 자원의 낭비를 줄이는 동시에 이를 구현하는 시범사업을 단순화하는 노력을 하여야 한다.

자율주행시스템을 위해
주행 정보를 자산화하라

나는 LG전자 재임 기간 중 독일의 벤츠와 공동으로 개발한 첨단 운전자 지원 시스템ADAS 전방카메라의 양산을 개시하였다고 2021년 10월 초 언론에 공개하였다. 만감이 교차하였다. 그만큼 사연이 있기 때문이다. 그래서인지 보답도 있었다. 최근 2021년 11월 말 자율주행과 관련하여 권위 있는 모임인 '오토센스 온라인 2021'에서 하드웨어 개발 부문 최고상인 금상을 수상하였으며 동시에 비전 어워드 부문에서 벤츠와 함께 은상을 수상한 것이다. 먼저 개발을 완료한 윤정석 상무와 주진만, 박영경 팀장을 비롯한 직원들의 노고를 위로하고 싶다. 사연이 많다는 것은 그만큼 고생을 많이 했다는 이야기이다. 그 과정에서 얻은 큰 교훈을 여기서 일부 공유하고자 한다.

해당 개발은 3.1 메가픽셀 전방 모노 카메라를 활용하여 유럽의 2020년도 신차평가제도를 만족(5스타 솔루션)시키는 인식 및 차량 제

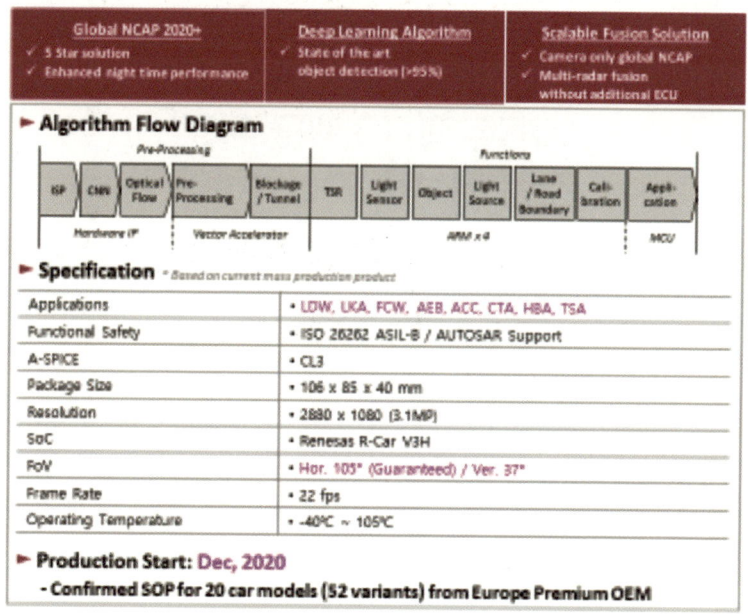

(출처: LG전자)

어 알고리즘을 자체 개발한 것이다. 2020년 12월에 양산을 시작하여 벤츠 전 모델에 적용되기 시작하였다. 이에 대한 사양은 〈LG전자의 2세대 메가 픽셀 카메라 사양〉에 잘 요약되어 있다.

  이번 전방 카메라의 모든 기능은 최신 딥러닝 인공지능 알고리즘을 적용하여 LG전자가 자체 개발하였고 프리미엄 자동차의 대명사인 독일 벤츠 전 모델에 적용됨과 동시에 권위 있는 상도 받았다. 감히 세계 최고의 기술이라 평가할 수 있다. 그러나 이러한 첨단 기술 개발의 뒤안길에는 꽤 귀찮은 수작업이 있었지만 이를 타산지석으로 미래의 자율주행이 나아갈 방향을 제시하고자 한다.

  자율주행 영상 시스템을 구현하기 위해서는 영상인식 인공지능 알고리즘을 학습시키고 또한 알고리즘의 성능을 측정하기 위한 검증용 데이터의 확보가 중요하다. 이 작업은 카메라를 장착한 차량을 실제로 주행하면서 대규모의 영상 데이터를 기록한 뒤에 이를 사람이 한 장씩 직접 관찰하며 검출할 물체를 수작업으로 박스를 그려가며 구분해내는 레이블링 작업을 출발점으로 한다. 그런데 이 작업이 만만치 않다. 지구상에 있는 모든 도로 환경을 고르게 반영하기 위해 실제 차량에 카메라를 장착하고 세계 각지의 도로를 장거리 주행함으로써 충분한 데이터베이스를 구축해야 한다. 구체적으로 보면 상용화를 위한 데이터 수집을 위해 전 세계 60여 개 나라에서 주간과 야간에 고속도로와 국도와 도심에서 맑은 날, 눈이나 비가 오는 날, 안개 낀 날 등 날씨별로 수집해야만 한다. 사시사철을 경험하고 특수한 날씨를 찾기 위해 2년 넘게 소요되고 충실한 검증을 위해 주행거리가 50만 킬로미터 이상인 데이터가 필요하다. 이렇게 수집된 수십억 장의 영상 장면을 인건비가 저렴한 인도, 베트남, 스리랑카, 남아공 등에 전송하여 박스를 치는 레이블링 작업을 수행한다. 참고로 보안이 요구되는 사안이라 중국은 제외하고 있다.

데이터 송수신만 해도 엄청나다. 족히 수천만 기가바이트, 즉 수십 페타바이트에 해당하는 데이터가 오가게 된다. 앓다가 죽는다는 표현이 딱 제격이다. 인공지능이라는 화려한 단어 속에 이러한 아날로그 방식의 번거로운 수작업이 내포되어 있다. 물론 이를 보다 효율적으로 수행하고 자동화하는 기술이 속속 나오고 있다. 하지만 여전히 인공지능은 대부분 원초적 수작업 데이터에 의존한다. 그만큼 현장 데이터가 중요한 자산이다. 이제는 데이터가 힘인 세상이다. 인공지능이 발전할수록 이러한 현상은 가속화될 것이다.

예를 들어 우리나라 고속도로에서의 주행 영상 데이터를 체계적으로 수집한다면 고속도로 자율주행 시스템은 더욱 신속하고 쉽게 구축될 수 있다. 구태여 전 세계의 도로 상황을 데이터로 수집하여 우리나라에 적용할 필요가 없기 때문이다. 자산화된 정보는 개발자들 간에 공유되어 불필요한 자원의 낭비를 방지해야 한다. 여기서 중요한 것은 '체계적'인 데이터 수집이다. 데이터의 가치는 데이터를 얻는 센서 사양에 따라 달라진다. 예를 들어 1메가픽셀의 카메라로 얻은 데이터는 2메가픽셀 카메라가 적용된 알고리즘을 개발할 때 많은 한계를 가질 수밖에 없다. 물론 일부 재활용이 가능한 부분도 있지만 새로 데이터를 수집하는 것과 거의 차이가 없다. 자율주행 시대를 좀 더 앞당기기 위해 주행 데이터 수집을 체계화하려면 센서 사양을 우선 표준화할 필요가 있다. 그래야 데이터 수집에 따른 호환성 관련 시행착오를 줄일 수 있다. 데이터가 힘인 세상에서 의미 있는 데이터를 쌓는 것이 진정한 승자가 되는 길이다.

자동차에도 데이터와
알고리즘 적용이 중요하다*

    나는 1980년대 유학 시절에 '알고리즘 이론The Theory of Algorithm'이라는 과목을 수강하였다. 전공 분야를 컴퓨터 그래픽 쪽으로 한 관계로 전산기하학Computational Geometry을 심층 있게 연구하는 과정에서 알고리즘에 대한 체계적인 이해가 필수였기 때문이다. 지금 생각해 보면 정말로 어렵게 수강한 과목이었던 것 같다. 매주 프로그래밍 숙제가 주어졌다. 특정 상황에서 주어진 목적을 가장 효율적으로 처리하는 해법을 알고리즘 차원에서 프로그램을 개발해오면 목표 달성 정도와 소요 시간에 대해 수강생 간 등위를 매기는 방식이었다. 좋은 알고리즘으로 프로그램을 짠 친구와 그렇지 못한 친구와의 차이가

---

* 이 글은 LG전자 재직 시 자동차부품VC 사업본부 직원에게 보낸 글이다. 자율주행의 가능성을 열어 놓은 기술이 인공지능이고 인공지능의 유효성과 경쟁력은 데이터에 기초한 알고리즘이라는 사실을 전하고자 하는 글이었다. 비단 자율주행만이 아니라 인공지능 기술 때문에 데이터가 가장 중요한 자원이 될 것을 암시하는 글이다.

역력히 드러나는 다소 살벌한 경쟁의 장이었다. 여하튼 나에게는 알고리즘의 중요성과 효과성을 체감할 수 있었던 소중한 경험이었다. 많은 영역의 문제가 특정 알고리즘으로는 다항시간Polynomial Time 내에 해법을 찾을 수 없는 소위 'NP-완전NP-Complete' 문제라는 것을 알게 되었다. 이는 일반 상식 등에 기초한 휴리스틱Heuristic 탐색 접근법으로밖에 풀리지 않음도 알게 되었다.

이러한 알고리즘의 한계와 더불어 컴퓨터 그래픽에서 처리되는 데이터의 양이 방대하므로 당시의 컴퓨터 처리 속도로는 웬만한 영상처리가 매우 제한적이었다. 그런데 이러한 인식의 한계는 10여 년 전 한 편의 영화를 보면서 말끔히 해소되었다. 바로 영화 「아바타」였다. 영화를 보는 내내 충격과 감동이었다. 컴퓨터 그래픽 분야에서의 알고리즘과 컴퓨팅 파워(계산력)의 발전을 보고 놀라워했던 기억이 아직도 생생하다.

알고리즘과 컴퓨팅 파워의 발전은 이후에도 선형적으로가 아니라 기하급수적으로 계속 진화되면서 이제는 비단 컴퓨터 그래픽 분야만이 아니라 전 영역에서 혁신을 주도하고 있다. 특히 인간 두뇌의 동작 원리를 모방한 인공지능의 발전은 그 가능성을 무한궤도에 올려놓았다. 과거에는 주어진 문제의 근사 해법을 찾기 위해 개인의 경험과 통찰력이 중요했다면 이제는 충분한 데이터가 주어지는 것만으로 문제해결이 이루어진다. 수없이 많은 전자 뉴런으로 구성된 인공 신경망이 마치 인간의 두뇌와 같이 작동하여 스스로 최적의 해법을 찾아내는 것이 가능하다. 만일 이러한 인공지능의 발전상에 대한 전제에 이의가 없다면 앞으로의 세상은 알고리즘과 컴퓨팅 파워를 지원하는 데이터 자체가 가장 중요한 무기로 등장할 것이다. 다시 말

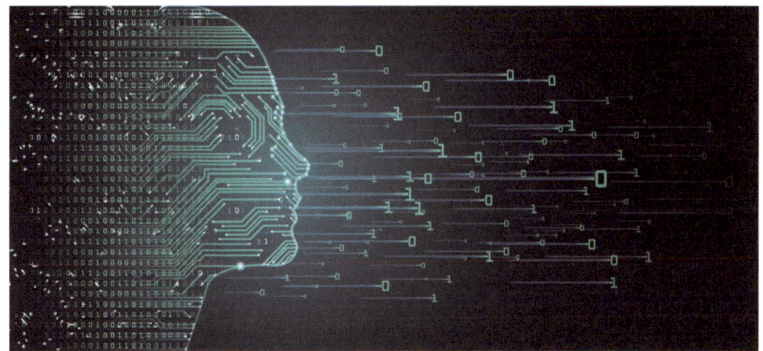

앞으로의 세상은 알고리즘과 컴퓨팅 파워를 지원하는 데이터 자체가 가장 중요한 무기로 등장할 것이다.

해 데이터만 있다면 인공지능 알고리즘을 이용해 항상 최적의 해법을 제시할 수 있다는 의미이다.

2016년 즈음에 인텔의 CEO와 대화할 기회가 있었다. 그때 향후 인텔이라는 회사는 어떠한 회사로 변모할 것인가라는 질문을 던졌다. 그러자 그는 주저함 없이 대답했다. 그는 앞으로의 세상이 데이터 중심적으로 변모할 것이라는 확신이 있었던 것 같고 앞에서 기술한 알고리즘, 컴퓨팅 파워, 인공지능 등에 대한 한발 앞선 이해에 기초하지 않았나 생각해본다.

"인텔의 미래는 데이터를 처리하는 회사가 되는 것입니다."

이러한 조류는 우리 본부 사업에도 상당 부분, 아니 전 영역에서 영향을 미치리라 생각한다. 데이터를 생성하고 처리하는 모든 분야에서 혁신적인 방안이 제시될 수 있는 것이다. 이러한 데이터 만능 세상이 언제쯤 만개할 것인가에는 아직도 많은 이론의 여지가 존재한다. 그러나 우리가 생각하는 것보다 빨리 오게 될 것 같다. 그리고 이러한 데이터 만능 세상에서는 무엇보다도 강력한 인공지능 알고리즘을 가진 자가 매우 유리한 사업 환경에 처할 것이 분명하다.

　인공지능으로 대변되는 새로운 세상에 어떻게 대처할 것인가는 우리의 손에 달려 있다. 무엇보다도 이에 대해 실제로 효과를 볼 수 있는 응용 가능한 분야를 먼저 파악하여야 할 것이다. 급할수록, 늦다고 생각할수록 차분히 생각하고 행동하여야 한다. 대량의 데이터가 각종 센서로부터 입력되는 첨단 운전자 지원 시스템과 자율주행 분야가 아마도 가장 먼저 고려되어야 할 분야인 듯하다. 아울러 그동안 데이터는 충분하지만 처리 속도 내지는 적정 알고리즘의 부재로 어려움이 있었던 분야, 예를 들면 음성인식 지능형 에이전트Intelligent Agent가 좋은 대상이 될 것이다. 조만간 5G와 클라우드 컴퓨팅을 통해 언제 어디서나 충분한 컴퓨팅 파워를 활용할 수 있는 세상이 될 것이기 때문이다. 그리고 이러한 응용 분야는 마치 신경세포 조직이 연결되어 유기체적으로 작동하는 것처럼 서로 다른 분야가 융복합되는 경우가 많아질 것이다.

차량 전동화를 넘어
그다음을 상상하고 준비하라*

2018년에도 한 해의 사업을 국제전자제품박람회와 북미 국제 모터쇼인 디트로이트 모터쇼 참가로 시작하였다. 미국의 라스베이거스와 디트로이트에서 한 주 간격으로 연이어 개최되는 세계적 전시회이다. 본부는 2014년과 2017년부터 각각의 쇼에 초청된 사람만 방문하는 '초청자만 참석 가능Invitation Only' 부스를 갖추고서 자동차 제조사 관계자를 초청하여 신제품과 신기술을 적극적으로 전시 소개하고 있다. 해당 쇼에 대한 일반적 내용은 이미 신문 지상에 게재되었다. 이 글에서는 본부 사업을 총괄 지휘하는 본부장의 시각에서 느낀 몇 가지를 본부 전 직원에게 보고하는 형식으로 전하니 각자는

---

* 이 글은 2018년 1월 라스베이거스에서 열린 세계 최대 가전쇼인 국제전자제품박람회에 이어 미시간주 디트로이트에서 열린 북미 국제 모터쇼인 디트로이트 모터쇼를 다녀와서 LG전자 자동차부품 사업본부 직원에게 보낸 글이다. 지금으로부터 4년 전에 미래차에 대한 예측과 생각이 현재도 유효하게 전개되고 있다.

처한 위치에서 알맞게 업무를 정렬하여 주시기 바란다.

첫째로 차량 전동화Vehicle Electrification에 대한 시각이다. 불과 2~3년 전만 해도 해당 쇼에서의 단연 으뜸인 화두가 바로 차량 전동화였다면 이제는 당연시하는 분위기로 전환되었다. 제너럴모터스와 폭스바겐을 비롯한 자동차 제조사들이 앞다투어 전기차 생산을 발표하면서 차량 전동화를 의심의 눈초리로 보는 시각은 완전히 사라지고 오히려 조금이라도 뒤처지는 기업은 따라잡기 위해 애처롭게 몸부림치고 있었다. 그래서인지 제너럴모터스의 볼트의 전략적 파트너로 해당 분야를 미리미리 준비한 당사의 그린 사업 분야는 최고의 사업 호기를 맞이했음을 체감할 수 있었다.

둘째로 차량 전동화가 당연시되면서 화두가 자율주행으로 옮겨졌다는 것이다. 이러한 경향은 국제전자제품박람회에서 역력하게 나타났다. 자율주행을 지원하는 각종 부품과 솔루션에 대한 전시가 이목의 중심을 차지하고 있었다. 5단계 완전자율주행이 상용화되기에는 아직 풀어야 할 여러 난관이 있지만 기술은 이미 상당한 수준에 와 있다. 센서를 근간으로 하는 솔루션과 5G 통신 및 차량과 사물 간 통신 기술과 연계한 지도를 활용하는 솔루션은 자율주행에 대한 기대감을 한껏 부풀리기에 충분하였다. 이러한 측면에서 핵심 기반 칩 솔루션을 제공하는 엔비디아, 인텔, 퀄컴 등의 투자와 미래 비전 발표는 타오른 불에 기름을 계속 붓는 듯한 느낌을 주기에 충분하였다.

제너럴모터스를 비롯한 여러 자동차 제조사들은 2020년대 중반을 완전자율주행이 실현 가능한 시기로 보면서 2020년대 초반에 4단계 수준(운전자가 있어야 하지만 대부분은 시스템에 맡기는 수준)의 자율주행 상용화를 가속화하고 있었다. 스마트 사업은 이러한 측면에서 각종 센서를 활용한 첨단 운전자 보조시스템의 개발과 5G를 활용한 자율주행 시스템과의 퓨전 시스템 개발에 초점을 맞춰 일찌감치 준비하여야 할 것이다.

자율주행 센서 관련하여서는 라이다LiDAR에 대한 약진, 그중에서도 마이크로 전자 기계 시스템MEMS 기반의 라이다 솔루션으로 시장이 수렴하고 있었다. 동시에 각종 자율주행 센서의 차량 내 장착 위치 및 패키징에 대한 아이디어가 여러 가지로 제시되고 있었다. 그중에서도 전후방 램프와의 통합은 당사가 주목할 방향이기에 조만간 상품화 전략을 마련할 예정이다.

셋째는 음성인식에 대한 기대와 우려였다. 사실 2017년 국제전자제품박람회에서는 아마존의 알렉사Alexa를 활용한 음성인식 지능형 에이전트가 폭스바겐 등 여러 주문자 상표 부착 생산에서 선을 보이면서 상당히 빨리 상용화가 될 것 같았다. 이에 본부에서도 마이크로소프트의 코타나Cortana 솔루션을 당사의 디지털 콕핏Digital Cockpit에 'Hi, LG'로서 접목하여 선보였는데 예상보다는 기대에 못 미쳤다. 이러한 문제는 비단 LG뿐만 아니라 여러 자동차 제조사와 일류 기술을 가진 업체에서 제시한 음성인식 지능형 에이전트 솔루션들도 업계에 파장을 주기에는 역부족이었다. 이는 차량 내부에서 생성되는 데이터에 대한 재산권과 활용권을 갖는 자동차 제조사가 IBM, 아마존, 마이크로소프트 등과 같은 공룡 IT 기업과의 기술 협업을 주저하는 것이 주요인으로 보인다. 인공지능을 활용한 음성인식 기술 발전이 예상보다는 더디다는 방증으로 보인다.

넷째는 이제는 진정한 차량 내의 '멀티 모델 인간-기계 인터페이스Multi-modal Human Machine Interface'를 고려할 시기가 되었다는 것이다.

디스플레이 기술 우위를 등에 업고 인포테인먼트 분야를 속도감 있게 치고 나가는 LG의 입장에서는 정말로 심각히 고려할 분야라 생각한다. 디스플레이와 연관된 인간-기계 인터페이스인 예를 들면 터치, 햅틱, 제스처 인식 등에 대한 여러 기술이 복합되어 차량 내의 운전자와 탑승자에게 편의를 제공하는 고객지향적 '멀티 모델 인간-기계 인터페이스' 기술을 정립해야 한다. 디스플레이의 부가가치가 계기판, AVN, HVAC 제어판의 통합화, 즉 '통합 디스플레이Consolidation Display'로 진화하면서 좀 더 고객지향적으로 다가가는 손쉽고도 간편한 인간-기계 인터페이스 측면의 차별적 솔루션을 제공하는 스마트 사업이 되어야 할 것이다. 지금까지 본부가 보여준 인간-기계 인터페이스가 기술의 가능성 수준에 이르렀다면 이제는 자동차 제조사에게 우리 회사만의 차별적 '멀티 모델 인간-기계 인터페이스' 솔루션을 제공하는 데 초점을 맞춰야 하겠다.

다섯째는 국제전자제품박람회와 디트로이트 모터쇼를 바라보는 우리의 시각과 준비가 변해야 한다는 것이다. 사실 2014년 국제전자제품박람회부터 지금까지는 우리의 사업과 제품을 홍보하는 데 주력하였다. 그러나 이제는 LG전자가 자동차부품 사업을 하면서 어떠한 제품을 제조하고 판매하는지 모르는 자동차 제조사는 없다고 보인다. 그렇다면 제품 및 사업의 홍보보다는 사업의 내실을 다지는 장으로서 국제전자제품박람회와 디트로이트 모터쇼를 활용하여야 한다. 우리 회사 부스를 찾는 최고경영층 내지는 실무진과 사업에 대해 심도 있게 고민하고 방향을 모색하는 장으로 활용하여야 한다는 것이다. 벌써 해당 쇼에서 특정 고객과 별도로 갖는 저녁 이벤트가 연례행사가 되었고 이를 통한 사업 정보 교환이 무엇보다 중요해졌다

는 것이다. 특히 디트로이트 모터쇼는 북미 빅3 자동차 제조사에 초점을 맞춰 그들에게 맞는 제품 소개와 미팅을 주선하여 사업을 매듭짓는 장으로 활용되고 있다.

마지막은 차량 공유 시대에 대한 혼돈일 것이다. 이제 미국에서는 우버나 리프트와 같이 차량 공유 사업은 일상화되었다. 참고로 호텔 승강기 내 층수를 알려주는 버튼에 지하 1층 버튼이 이제는 우버와 리프트의 로고가 같이 새겨져 있을 정도로 보편화되었다. 뉴욕이나 샌프란시스코와 같은 대도시에서 주차 공간을 찾느라 시간을 허비하고 높은 주차 요금을 허비하는 비효율적 행태를 우버와 리프트 서비스로 해소하려는 발상은 실용을 중시하는 미국에서는 너무나도 당연시되고 있다. 문제는 차량 공유 서비스에 대한 우리의 사업 연관성과 모델의 개발이 명쾌하지 않다는 것이다. 미래의 트렌드가 메트로폴리탄 도시화와 차량 공유로 분명하게 다가오고 있다. 그런데 이를 활용한 본부의 준비는 여전히 답보 상태이기 때문이다. 사실 우리는 제조업의 DNA를 갖고 있다 보니 차량 공유에 따른 서비스 사업화에 어떻게 동참할지 고민이다. 국제전자제품박람회에서 포드 CEO 짐 해킷이 발표한 'e-모빌리티 서비스e-Mobility Service 사업화'에서 힌트를 얻어 본부의 입장을 조기 정립하고자 한다.

2주에 걸친 긴 출장 여정으로 심신은 피로하기 그지없다. 하지만 이 글을 쓰는 비행기 안에서의 느낌은 솔직히 표현하자면 다가올 자동차 산업의 미래에 대한 두려움이 가미된 흥분과 기대로 가득 차 있다는 것이다. 1903년 미국의 포드자동차가 설립되면서 시작된 자동차 산업은 탄생 이래 그 어느 때보다 급격한 변화가 빠르게 진행되는 가운데 이를 사업 도약의 기회로 활용하는 지혜가 정말로 요구된다.

5G는 자동차 산업의
게임 체인저가 될 것이다*

5G 이동통신 시대가 열리면서 활용 분야로 자동차가 주목받고 있다. 자율주행 활용 등 여러 가능성이 제기된다. 이 시점에 이동통신이 차량에 접목되면서 시장에서 평가된 내용을 살펴보면 5G 활용의 우선순위를 가늠할 수 있을 것이다.

차량에 이동통신이 접목된 것은 1996년 제너럴모터스의 텔레매틱스 온스타 서비스가 도입되면서다. 텔레매틱스는 무선통신과 위성항법장치 기술을 활용하여 차량 위치와 함께 비상 상태를 감지해서 긴급 호송 차량을 현장에 송출하는 서비스에서 시작됐다. 미국은 넓다 보니 비상호출 서비스 요구가 빈번하게 발생한다. 이러한 환경 속에서 제너럴모터스가 개척을 선도한 것이다.

---

* 이 글은 2019년 5월 6일 전자신문에 게재되었다. 2021년 12월 현재 첨가할 내용은 말미에 덧붙였다.

5G 이동통신 시대가 열리면서 활용 분야로 자동차가 주목받고 있다.

    제조업 중심 자동차 산업에 이동통신 기술과 융복합을 시도한 제너럴모터스의 최고경영자였던 릭 왜거너Rick Wagoner의 선견지명과 결단은 높게 평가되고 있다. 국내에서는 내가 대우자동차에서 차량 개발을 총괄하던 시절에 KTF와 손잡고 '드림넷 텔레매틱스 서비스'를 최초로 제공했다. 텔레매틱스는 유럽과 러시아 등에서 비상호출이 법규화돼 빠르게 적용되었다. 통신 기술이 3G, 4G로 진화하면서 적용 범주가 다양해졌다. 미국에서 판매되는 제너럴모터스의 모든 차량은 온스타 텔레매틱스 서비스를 사용하기 때문에 제너럴모터스 관제센터에서는 차량 상태를 실시간 파악할 수 있다. 차량 내 전자제어장치 ECU200과 연계가 가능하고 활용 범주가 무궁무진하다. 예를 들어 전기차 볼트의 배터리 충전 상태를 실시간으로 파악할 수 있다. 다만 특정 전자제어장치와 통신은 안전을 이유로 개발 초기부터 차단된다. 통신의 최대 장점인 '연결성'은 반대급부로 '보안' 이슈와 공존하기 때문에 안전기기와 양방향 완전 개방에는 신중한 접근

방식을 취하고 있다. 예를 들어 에어백 작동을 관장하는 전자제어장치는 한 방향으로만 통신한다.

자동차 산업에서 5G 통신이 미치는 영향은 어느 정도일까? 과연 게임 체인저 역할을 할 것인가? 5G의 장점인 초고속성, 초연결성, 초저지연성 등은 어떤 신규 혜택을 제공할 것인가? 텔레매틱스 도입 이래 소비자가 체감하는 최대 혜택은 지도와 위성항법장치GPS를 연동한 내비게이션일 것이다. 서비스 범주가 음성, 데이터, 인터넷 등으로 확대됐지만 핵심 기술은 내비게이션의 정확도와 실시간성 향상이다. 5G는 4G 대비 속도가 20배나 빠르다. 내비게이션의 실시간 연결성 향상이 가속화될 것이다. 초저지연성은 동영상 실시간 연결성을 대폭 개선한다. 초고속성과 초저지연성은 사용 범주를 인터넷에서 클라우드로 확장하면서 복잡한 연산을 차내 전자제어장치에 의존하지 않고 클라우드 연계로 해결한다. 음성인식이 좋은 응용 분야가 될 전망이다. 차내 전자제어장치와 통신도 대폭 증가할 것이다. 지도 내지는 응용 소프트웨어 업데이트가 안전을 보증하는 범위 내에서 진행된다. 클라우드와의 연계는 자동차 응용 확대의 전환점이 될 게 분명하다.

5G와 관련해 새로 주목할 것은 초연결성이다. 초연결성은 LTE 어드밴스트 대비 제곱킬로미터당 10배의 사물인터넷 연결이 가능하다. 4G에서는 제곱킬로미터 규모 공간에서 10만 대의 기기 연결이 가능했다면 5G에서는 같은 규모의 공간에서 기기 100만 대가 사물인터넷으로 연결된다. 주변 차량과 인프라 내지는 보행자와의 충돌 방지 같은 응용 분야를 고려할 수 있다. 자율주행의 숙원 과제인 '충돌 제로'를 해결할 것이다. 대부분의 자율주행 개발은 레이저, 카메

라, 라이다 등 각종 센서에서 추출된 정보를 이용해 물체와 상황을 인식하는 센서 기반 접근 방식으로 이뤄진다. 여기에 5G 통신이 가미된다면 완벽한 자율주행이 가능하다. 문제는 자율주행의 현실화까지 걸리는 시간이다. 자율주행 정착의 난제, 특히 안전과 관련한 제도와 법규가 정비돼야 한다. 그러나 이는 상당한 시일이 요구된다.

5G 혜택을 빨리 적용하려면 다른 응용 분야가 필요하다. 나는 이 분야 전문가로서 '국지화'를 들고 싶다. 주행 차량에 필요한 정보를 일정 거리로 규정하고 국지성 정보를 실시간 제공하는 것이다. 예를 들면 주차장 건물에 진입할 때 유휴 공간을 3차원으로 운전자에게 알려주거나 주변의 사고와 재난 내지는 관심 장소를 실시간으로 제공한다. 운전자 성향을 파악해서 주변 정보를 유효하게 제공하는 것이다. 국지화 정보 제공은 벌써 지도 업체들이 선도해서 추진하고 있으며, 통신업체와 클라우드 업체도 뛰어들었다. 차내에서 국지 정보를 효과적으로 전달하기 위한 사용자 편의성 중심 기기도 모습을 내보일 것이다.

* *

전 세계적으로 차량 연결화를 위한 차량과 사물 간 통신 표준이 속속 결정되고 있다. 중국에 이어 미국도 셀룰러 기반 차량과 사물 간 통신을 표준으로 정하고 2021년 7월 2일부터 5.9기가헤르츠 영역에서 무선랜 기반 통신을 제외하기로 결정하였다.

우리나라는 그동안 국토교통부를 중심으로 무선랜 기반의 통신 방식을 고속도로 등에 실사용하고 있다. 그러나 세계적 추세인 셀룰러 기반 차량과 사물 간 통신 방식에 동참하며 차세대 지능형 교통 시

무선랜 기반 통신WAVE과 셀룰러 기반 차량과 사물 간 통신 비교

	2021년 WAVE(DSRC)	2030년 C-V2X(LTE V2X)
표준명	IEEE802.11p WiFi 기술 기반	3GPP Rel. 14/15 LTE 기술 기반
변조코딩방식	BPSK, QPSK, 16QAM, 64QAM	QPSK, 16QAM, 64QAM
채널코딩	컨볼루션 코드	터보 코드
다중접속	OFDM	SC-FDMA[2)
표준주도	ETSI	3GPP
특이사항	VW 차량 탑재 출시 일본에서 채택	중국에서 채택 미국에서 채택

스템C-ITS 사업을 중단 없이 추진하기 위해 무선랜 기반 통신과 셀룰러 기반 차량과 사물 간 통신을 동시 실증하고 추진하기로 결정하였다. 국토교통부는 과학기술정보통신부로부터 5.855~5.925기가헤르츠 대역의 70메가헤르츠를 할당받아 차세대 지능형 교통 시스템 사업을 추진하기로 했다. 통신규격에 대한 논쟁은 일단락되었으나 공존 방식에 대한 실증 데이터가 축적되면 조만간 표준에 대한 중요한 결정을 내려야 할 것이다.

자동차 산업의 주도권은
소프트웨어 승자에게 간다*

　자동차 개발 초기 수행 업무 중에서 중요한 부분 중 하나는 구성 부품에 대한 책임 소재와 범위를 명확히 하는 것이다. 구성 부품을 화이트박스, 그레이박스, 블랙박스 부품으로 분류한다. 사양 개발과 도면 작성을 스스로 할 경우를 화이트박스라 하고 단지 입출력 조건만 명시하고 수행 방법과 책임은 협력사가 맡는 경우를 블랙박스라 정의한다. 그레이박스는 그 중간으로 기본 레이아웃과 사양에 대한 상당 부분은 자동차 제조사가 정의하나 이를 실현하는 상세설계는 협력사가 맡는 경우다. 예를 들어 차체와 엔진 상당수의 부품은 전통적으로 화이트박스 부품인데 자동차 제조사가 개발 주도권을 협력

---

* 이 글은 2019년 6월 28일 인터넷신문 ZDNet에 '다가오는 CASE 시대에 필요한 완성차 업체의 자세'로 게재되었다. 이 글은 2021년 12월 기준 2년 6개월이 지난 글이나 방향성에 대해서는 현재도 유의한 내용이다. 추가하고 싶은 내용은 말미에 덧붙였다.

사에 넘기기 곤란하다는 의미이기도 하다.

그렇다면 소프트웨어 개발은 어떻게 분류되고 시작될까? 자동차 산업의 소프트웨어라면 탑재되는 80여 종이 넘는 전자제어장치의 제어 소프트웨어를 지칭하는데 대부분 그레이박스 부품이다. 다만, 엔진제어장치는 화이트박스 부품으로서 개발 권한을 자동차 제조사가 놓지 않고 있다. 그 이외 대부분의 전자제어장치 개발은 입력 및 경계 조건을 비롯하여 동작을 결정하는 산출식과 알고리즘 결정권을 자동차 제조사가 주도한다. 상세설계는 협력사가 지원하는 형식이다. 법규, 규제, 안전과 깊숙이 연계된 기능 안전을 위한 필수 부품들(에어백, 현가·조향·제동 장치 등)이 그 예이다.

이러한 절차 때문에 자동차 산업에서 소프트웨어 개발은 전통적으로 기계 장치에 대한 제어논리 개발로 인식되었다. 그중에서도 엔진제어장치에 대한 논리 개발은 세계 각국의 다양한 환경(온도, 습도, 공기의 질, 기압, 휘발유 옥탄가 등)과 연비 규제 때문에 상당한 기술력과 경험이 필요하였다. 따라서 엔진제어장치의 논리 개발이 자동차 업체의 경쟁력을 결정하는 핵심 요소였으며 높은 진입 장벽 구실을 하였다. 주목할 점은 엔진을 제외한 나머지 제어장치의 논리 개발 노하우는 CAD, CAM, CAE 등의 발전을 통한 가상 엔지니어링의 정확도 향상으로 개발 장벽이 낮아진 것이다.

그러면 미래의 자동차 산업의 응용 분야를 규정하는 연결성, 자율화, 공유화, 전동화에서는 소프트웨어가 어떠한 위상을 차지할 것인가? 바로 이 부분이 자동차 제조사가 두려워하는 부분이자 동시에 글로벌 거대 IT 회사들이 자동차 산업에 기웃거리는 이유도 된다. 만일 미래의 자동차 산업이 친환경 차로서 위상을 높여가는 전기차로 탈바꿈한다면 그나마 자동차 제조사 고유의 진입 장벽으로 지켜온 엔진제어장치에 대한 노하우가 유명무실해지고 만다. IT 기업에도 동등한 기회가 부여된다는 논리다. 오히려 연결성, 자율화, 공유화, 전동화 측면에서는 IT 기업이 비교우위 경쟁력을 가질 수도 있고 엔진 이외의 제어장치들에 대한 노하우는 이미 협력업체에 내재화되어서 이들과의 협업으로 개발이 가능하기 때문이다.

기회와 위기를 슬기롭게 헤쳐나가기 위해 우선으로 고려할 사항은 급증하는 전자제어장치에 효과적으로 대응하는 전기·전자 아키텍처를 준비하는 것이다. 이의 효과적 정립을 위한 몇 가지 필수 요소를 제언하고자 한다.

첫째, 전자제어장치 증가로 개발 복잡도가 급증하는 상황에 대비하기 위하여 하드웨어와 소프트웨어의 계층화로 단순화하여야 한다. 응용 소프트웨어 개발을 하드웨어로부터 독립시키기 위해 제정된 세계적 표준인 자동차 개방형 시스템 아키텍처AUTOSAR를 안착시키는 것이 필수적이다. 자동차 개방형 시스템 아키텍처는 하드웨어 공급자, 자동차 제조사, 부품업체 사이의 개발 책임과 역할을 분명히 하는데 자동차 제조사가 기본 소프트웨어를 체계화하는 작업으로부터 시작되어야 한다. 아울러 전자제어장치의 자원배분 최적화를 위해 가상화를 통한 소프트웨어의 통합도 활발히 전개될 것이다.

둘째, 빠른 기술 변화에 대처 가능한 적응형 플랫폼을 지향하여야 한다. 자동차는 보유 기간이 최소 3년 이상인데 IT 기술의 발전 속도는 훨씬 짧으므로 이를 해결할 방책을 초기부터 고려하여 솔루션을 제공하여야 한다. 소프트웨어는 개발 기간 동안 변화하는 최근 기술이 반영되도록 하는 '애자일 개발 방법론'이 적용될 것이고 개발 완료 후에도 이동통신 기술을 활용하여 수시로 갱신이 가능하도록 무선업데이트OTA 적용이 필수화될 전망이다. 하드웨어도 중요 기능을 탑재한 마이크로프로세서 등은 갱신이 가능하면서도 입·출력단의 주변 기기는 재활용이 가능하도록 하는 플러그인 시스템을 고려해 볼 수 있다.

셋째, 차량 라인업에 동시 적용할 수 있는 가변형 플랫폼이어야 한다. 소형차에서 대형차까지를 아우르는 전기·전자 아키텍처이면서도 세그먼트별 특화 요구는 개별적으로 처리할 수 있는 가변형이어야 한다.

넷째, 중요도가 증대되는 인포테인먼트 시스템에 대한 플랫폼 전략을 명확히 하여야 한다. 인포테인먼트 시스템은 그동안 오디오, 비디오, 내비게이션 등을 집약한 시스템으로 취급되고 발전되었으나 스마트폰으로 촉발된 사용자 편의성을 자동차에 접목하기 위한 방향성에 발맞춰야 한다. 이제는 인포테인먼트 시스템이 명실상부 운전자나 승객과의 소통을 담당하는 차량 내 포털로서 자리매김하고 있다. 운전자나 승객과의 교감이 필요한 제반 정보를 다루던 계기판이나 공조시스템 정보는 물론이고 텔레매틱스와 클라우드를 비롯한 통신 기능이 인포테인먼트와 통합되면서 이를 효과적으로 다루는 자동차 제조사가 경쟁력을 갖는다.

참고로 인포테인먼트 관련 소프트웨어 개발은 개방형 운영 시스템이 적극적으로 활용되고 있는데 구글의 안드로이드와 자동차사 연합의 제니비GENIVI로 대별된다. 이에 대한 신중한 선정은 플랫폼의 기본 골격과 구조화의 방향성을 제시할 것이다. 자동차 제조사 입장에서 가장 중요한 것은 운영체계 버전의 업그레이드와 차량 개발 시점을 조율하면서 보드 지원 패키지(BSP: 하드웨어를 작동시키기 위한 소프트웨어 묶음)를 포함한 하드웨어 및 소프트웨어(특히 미들웨어) 제공자를 통합하며 응용프로그램을 개발하는 체계를 갖추는 일이다.

다섯째, 5G 이동통신 및 클라우드 컴퓨팅 시대에는 대용량 데이터 전송이 요구되므로 이에 대비한 차내 네트워크 아키텍처를 고도화할 필요성이 있다. 차세대 응용 분야인 연결성, 자율화, 공유화, 전동화에서 다루는 데이터의 용량도 기하급수적으로 증가할 것이기에 기존의 단순 랜 네트워크 구조인 캔CAN, Controller Area Network으로는 수용이 안 될 것이다. 따라서 중앙에서 기능 간 전자제어장치를 조정하는 중앙처리장치 및 중앙게이트웨이의 도입이 일반화되면서 고속 통신 프로토콜 이더넷의 활용이 증가하는 고속네트워크 구조가 등장할 것이다.

종합하면 미래의 자동차 산업이 지금의 강자에 의하여 지속될 것인지, 아니면 새로운 IT 강자가 진입하여 변화를 촉진할 것인지는 누가 전기·전자 아키텍처를 경쟁력 있게 갖추느냐에 달려 있다. 과거의 자동차 산업 승자가 하드웨어의 플랫폼화를 성공적으로 제시한 업체였듯이 미래의 자동차 산업의 승자는 전기·전자 아키텍처를 체계적으로 갖추고서 이에 적합한 소프트웨어의 개발을 촉진하는 자가 될 것이다. 이를 위해서는 전기·전자 아키텍처 생태계를 조성하는 이해관계자들과의 긴밀한 협업이 필수적임을 유념하여 개발 초기부터 자동차 제조사, 부품업체, 개발솔루션 제공자 간의 역할 분담을 전제하고 자원배분을 고려해야 한다.

폭스바겐의 소프트웨어 운영체제 운영 전략

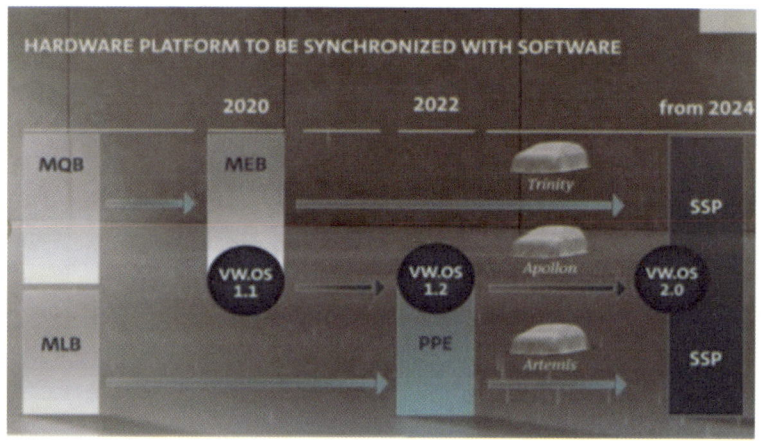

* *

이제 자동차에서 소프트웨어가 가장 중요해진다. 이러한 주장을 한마디로 요약한 용어가 소프트웨어를 중심으로 구동되는 차량이라는 뜻의 SDV이다. 인공지능 컴퓨팅 기술의 선도업체인 엔비디아를 이끄는 젠슨 황Jensen Huang은 미래의 자동차의 성능과 수익성이 소프트웨어 경쟁력으로 결정될 것으로 예측하며 SDV라는 용어를 사용하였다. 이제 SDV는 자동차 업계에서 가장 자주 등장할 용어임이 틀림없다. 그만큼 소프트웨어가 자동차 산업에서 차지하는 비중이 절대적이다.

내연기관차에 대한 상품 기획이 그동안 차체에 대한 기본 하드웨어 플랫폼 전략과 함께 파워트레인의 성능을 고려하여 이루어졌다면 이제는 차량의 전기·전자 아키텍처, 소프트웨어 플랫폼, 애플리케이션을 고려하여 기획되어야 한다. 이는 반드시 차세대 프로세서 중심으로 기획되어야 할 것이다. 폭스바겐과 현대자동차 등 자동차 제조

현대자동차의 커넥티드카 운영체제 ccOS 개념도

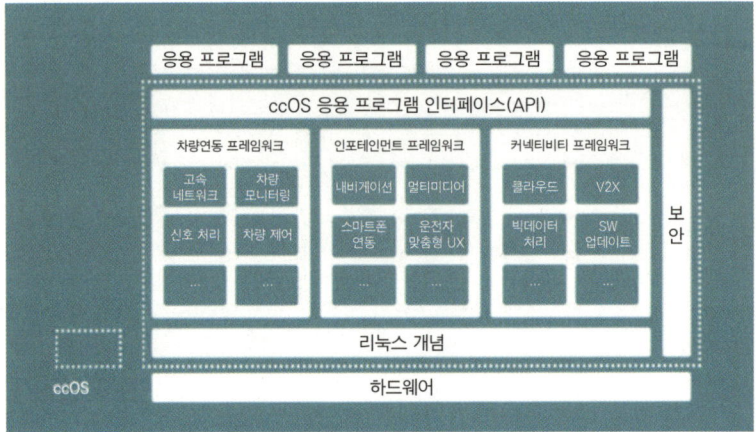

(출처: 현대자동차)

제너럴모터스의 SDV 플랫폼 얼티파이 개념도

사가 마치 핸드폰 제조사와 같은 운영체제 계획을 앞다퉈 발표하고 나름의 소프트웨어 생태계를 조성하려고 안간힘을 쓰는 실정이다.

제너럴모터스는 SDV 개념을 총체적으로 실현한 '엔드 투 엔드End-to-End' 소프트웨어 플랫폼을 '얼티파이Ultifi'라는 브랜드로 일반에 공개하였다. 그림에서 보듯이 이는 소프트웨어를 무선 업데이트할 수 있는 OTA 기능을 구현하면서도 클라우드 기반의 구독 서비스가 가능하도록 자체 개발한 전기·전자 아키텍처(일명 차량 지능형 플랫폼VIP, Vehicle Intelligence Platform)를 기반으로 하고 있다. 또한 리눅스 언어를 사용함으로써 외부의 제3자 개발자와 협업하기 쉽게 하였다.

이제 SDV는 돌이킬 수 없는 미래차의 대세가 된 것이다. SDV 시대에는 자동차는 사는 순간 노후화된다는 통념이 사라질 것이다. OTA를 통해 새로운 소프트웨어로 거듭나는 자동차는 새로운 운전 경험을 재창조할 수 있기 때문이다.

이제 인포테인먼트와
모빌리티 사업 시대가 시작되었다*

미래 자동차의 연결성, 자율화, 공유화, 전동화로의 커다란 변화는 자연스럽게 차량 공간 내의 사용자 편의성을 강화하게 되었다. 전동화를 통해 자동차가 이제는 커다란 전자기기로 변모하고 동시에 통신 기능이 강화되어 자율주행 기능이 속속 업그레이드되면서 차량 내에 갇혀 있던 시간이 열린 시간으로 변모하는 것이다. 모빌리티 사업은 이러한 열린 시간을 사업화하기 위해 각종 아이디어를 제시하고 있다. 일례로 테슬라는 인포테인먼트 기능에 과금하였는데 소위 '프리미엄 커넥티비티'라는 패키지 사용료가 월 9.99달러이다. 무료로 제공되는 내비게이션 기능에 보태 실시간 교통 정보의 시각화, 비디오와 뮤직 스트리밍, 노래방과 인터넷 브라우저 기능 등이 포함되

---

* 이 글은 2021년 8월 10일 한국경제신문에 게재되었다.

어 있다.

단순한 운송 수단이 아니라 문화생활 공간으로 거듭나는 인포테인먼트 사업은 속성상 스마트폰 사업과 유사한 기술로서 하드웨어의 위치가 차량 내로 옮겨진 것이다. 사용자와의 접촉 도구로서 디스플레이를 메인으로 사용하고 정보와 오락적 요소는 통신을 통해 주고받는데 소프트웨어 개발이 경쟁력의 핵심이다. 인포테인먼트 개발을 효율화하기 위해 2009년 유럽의 BMW를 위시한 자동차사와 부품사들은 제니비 연합을 구성하여 운영체계와 미들웨어를 표준화하였다. 그러나 일찍이 애플과 구글은 이 시장의 폭발적 잠재성을 예견하고 자사의 탁월한 스마트폰 사업에 기초하여 스마트폰과 인포테인먼트를 연결하는 솔루션으로 각각 카플레이와 안드로이드 오토를 시장에 내놓았다.

자동차 업체는 IT 강자의 체계적 소프트웨어 방법론에 기초한 개발 속도에 크게 못 미쳤고 스마트폰에 친숙한 소비자의 요구에 효율적으로 대처하지 못하였다. IT 강자에게는 친숙한 애자일 개발 방식이 자동차사의 전통적 하드웨어 중심의 폭포수Water Fall 개발 방식과는 근본이 달라 이에 익숙해지기까지 시간이 필요했기에 대부분의 인포테인먼트는 카플레이와 안드로이드 오토를 지원하게 되었다. 그리고 2010년대 중후반부터는 선진 자동차사들을 중심으로 인포테인먼트 운영체계와 미들웨어를 구글에 의존하는 경향도 나타났다. 일례로 현대기아차도 현재 판매되는 오디오·비디오 내비게이션AVN 5세대 플랫폼에 구글의 안드로이드 운영체계를 사용하였다. 그러나 이러한 접근을 하면 문제점이 있다는 것을 금방 인식하게 되었다.

일단 자동차사는 인포테인먼트와는 별개로 차량 계기판과 통신 연계의 텔레매틱스 기능을 각각 소유하고 있었다. 현대자동차는 블루링크, 제너럴모터스는 온스타, 포드는 싱크SYNC이다. 아울러 차량 계기판은 안전과 직결되는 분야이기에 보안이 강화된 유닉스 계열의 서버 운영체계QNX 등을 쓰고 있었다. 다시 말해 인포테인먼트 시스템과 차량 계기판과 텔레매틱스와 같은 주변 시스템의 연계와 통합은 필수적인 것에 반해 업데이트 관리는 개발 주체가 각각 달라 어려움이 생긴다.

소비자의 사용 데이터와 관련해서도 논란거리가 발생한다. 소비자 사용 데이터는 그 자체로서 가치를 갖는 것이고 향후 모빌리티 사업의 중요한 자원이다. 그러나 애플과 구글의 플랫폼을 사용하면 데이터의 수집과 소유권 이슈가 병존하게 된다. 애플과 구글이 이 사업에 가장 역점을 두는 것도 이러한 데이터의 중요성에 기인한 것이다. 참고로 테슬라는 초기부터 인포테인먼트 솔루션을 내재화했고 나아가서는 자율주행 솔루션도 내재화하여 세계 각지 사용자의 이용 데이터를 수집하는 치밀함을 갖추었다.

최근 현대자동차그룹은 2022년부터 판매되는 전 차량에 자체 개발한 커넥티드카 운영체제ccOS를 사용한다고 발표하였다. 현대자동차그룹이 모빌리티 사업자로 거듭나기 위해서 필연적으로 거쳐야 할 수순으로 보인다. 소프트웨어 관리에 대한 거버넌스를 확보함은 물론이고 유관한 하드웨어 사양도 자유롭게 결정할 수 있다. 2021년 3월 폭스바겐그룹이 인포테인먼트를 비롯한 소프트웨어 개발을 전담하는 회사 카리아드CARIAD(Car, I Am Digital)를 출범하여 2025년까지 1만 명 이상으로 키우는 청사진을 제시한 것도 같은 맥락이다. 이제 차내 운전자는 물론 승객이 취하는 행동 데이터를 수집하고 이를 효과적으로 사업 아이디어로 개발하는 모빌리티 사업의 시대로 대전환을 하고 있다.

전기차 시대를 맞이하여 자동차 회사들이 중요한 구성품인 배터리를 차체 중앙 하단에 최적으로 배치하는 전용 플랫폼을 제시하고 있다. 그러나 모빌리티 시대의 진정한 승자가 되기 위해서는 하드웨어적 플랫폼의 파격적인 혁신만으로는 부족하다. 그에 못지않게 소프트웨어를 최적으로 개발하고 독자적 관리 거버넌스를 확보할 수 있는 운영체제 정비가 반드시 이루어져야 한다. 그리고 이를 기반으로 한 개발 및 부품 생태계를 경쟁력 있게 조성해야 밝은 미래를 기대할 수 있다.

왜 자동차사가 소프트웨어 역량을 확보해야 하는가*

2021년 12월 7일에 세계 4위의 자동차 제조사인 스텔란티스Stellantis가 소프트웨어데이를 가졌다. 스텔란티스는 2021년 초에 푸조 시트로엥PSA 그룹과 피아트 크라이슬러 오토모빌스FCA가 50:50 합병을 통해 설립된 다국적 기업이다. 푸조, 피아트, 크라이슬러 등 브랜드만 14개인 회사이다. 글로벌 자동차사가 자동차를 대상으로 하지 않고 특정 부품이나 기술을 소개한 글로벌 행사로는 2020년 9월 테슬라의 배터리 데이, 2021년 3월 폭스바겐의 파워 데이에 이어 세 번째. 테슬라와 폭스바겐의 행사는 전기차, 특히 핵심 부품인 배터리에 초점을 맞추었다면 스텔란티스는 소프트웨어를 그 중심에 놓았다.

---

* 이 글은 2021년 12월 20일 한국경제신문에 "스텔란티스의 변화에 주목해야"로 게재되었다.

테슬라와 폭스바겐의 지난 행사에서 보듯이 미래차의 핵심에는 전기차를 중심으로 한 전동화가 있다. 테슬라와 같은 선두주자의 광폭 행보가 눈에 확 띄는 가운데 제너럴모터스와 현대자동차를 비롯한 기존 제조사는 물론이고 루시드와 리비안과 같은 신생 스타트업도 적극적으로 동참하는 등 전동화의 생태계는 그야말로 꽃을 피우고 있다. 그래서 선진 자동차사가 자동차 자체가 아니라 특정 아이템으로 행사를 한다면 전기차 내지는 배터리일 것으로 생각한다. 그런데 스텔란티스는 소프트웨어를 주제로 행사를 하고 이 분야만의 사업 계획을 발표했다는 차별점을 보여주었다.

발표의 내용을 요약하면 2021년에 1,200만 대의 스텔란티스 차량에서 얻게 되는 소프트웨어 수입이 4억 유로 정도인데 2026년에는 2,600만 대 차량에서 40억 유로, 2030년에는 3,400만 대 차량에서 200억 유로로 늘리겠다는 것이다. 참고로 스텔란티스는 2019년 연생산량 870만 대, 매출액 1,700억 유로 규모의 회사이다. 이처럼 막강한 자동차 하드웨어 제조사였던 스텔란티스가 수익성이 높은 소프트웨어 중심의 모빌리티 회사로 탈바꿈하겠다는 것이다. 이를 위해 2026년까지 전기차와 소프트웨어 분야에 300억 유로를 투자할 계획도 천명하였다. 소프트웨어를 바라보는 IT 회사와 같은 발상을 구체화하면서 재무적 수치도 함께 발표하였다.

자동차의 소프트웨어화는 SDV라는 용어로 구체화되고 있다. 차량 내 전기·전자 아키텍처를 정의하면서 소프트웨어를 담은 반도체를 주요 구성품으로 한 전자제어장치들과 이들 간의 데이터 이동량에 맞는 네트워크를 최적화하는 것이다. 이미 전기·전자 아키텍처에 담길 소프트웨어의 운용체제와 구사 언어는 제조사별로 속속 정의되고 발표되고 있다.

 SDV의 기술적 내용이 지향하는 바는 명확하다. 스마트폰과 같이 고객이 언제 어디서나 자유롭게 새로운 소프트웨어를 무선으로 업데이트할 수 있어야 한다. 이미 스마트폰에 익숙한 고객에게 통신망과 연결된 고가의 자동차가 스마트폰만 못하다는 것은 이해가 안 되는 것이다. 미래차는 덩치가 큰 통신기기가 되므로 IT 기술 회사가 지향하는 사업 모델과 상당히 중첩될 수밖에 없다. 따라서 자연스럽게 자사의 브랜드를 사용하는 운전자와 승객의 이동 및 사용 패턴을 자산화하여 데이터 사업을 추진하려는 전략이 태동하는 것이다.

 이제 SDV는 대세가 될 것이다. 그런데 자동차 제조사는 소프트웨어 중심의 데이터 사업에 관한 한 IT 기술 회사와 비교해 후발주자이므로 IT 기술 회사와의 파트너십은 필수이다. 소프트웨어가 복잡해지고 반도체가 대량으로 필요해지기에 어찌 보면 2020년 이후 벌어진 차량용 반도체 공급망 사태는 시작에 불과한 것이라 할 수 있다. 제너럴모터스가 퀄컴과 제휴하고 스텔란티스가 폭스콘과 제휴하듯이 글로벌 짝짓기가 횡행할 것이다. 그러나 이러한 짝짓기 속에서도 자사의 가치를 극대화하기 위하여 장기적 안목으로 관련 기술의 내재화 움직임은 더욱 거세질 것이다. 그러나 짝짓기이든 내재화이든 간에 분명한 것은 SDV를 향한 전기·전자 아키텍처와 소프트웨어 운용체제를 내실 있게 정비하며 소프트웨어 인력을 증대하는 것이 반드시 갖추어야 할 경쟁력이라는 것이다. 더불어 애플과 테슬라의 예에서 보듯이 소프트웨어를 담을 반도체의 설계 검증 능력까지 갖춘다면 반도체를 생산하는 파운드리 업체와의 협업도 주도할 수 있음을 명심하여야 한다.

소프트웨어 정의 차량SDV의 승부처는 시스템 아키텍트이다*

2017년 8월 14일에 시스템 아키텍트 인증식이 있었다. 본부장으로서 정말로 중요하게 여기는 분야이기에 직접 참여하여 인증서를 수여하고 수상자와 점심을 같이 하면서 격려를 마다하지 않았다. 이 글을 통해 내가 왜 이리도 시스템 아키텍트를 중시하는지 공유하고자 한다.

2000년 말 LG그룹으로 직장을 옮겨 LG CNS, V-ENS, LG전자를 거쳐 일하는 과정에서 일관되게 펼쳐나간 경영 족적 중 하나가 바로 최적 비용 국가BCC, Best Cost Country를 활용한 개발 업무의 전개라 할 수 있겠다. LG CNS에서는 인도의 벵갈로와 중국의 베이징에 소프트

---

* 이 글은 LG전자 재직 시 자동차부품 사업본부 직원에게 전한 글로서 당시 제목은 '시스템 아키텍트 인증식에서'였다. 미래차의 모습, 즉 SDV가 대중화되는 가까운 장래에는 소프트웨어 개발력의 승부처는 시스템 아키텍트에 달려 있다고 내다본 글이다.

웨어개발센터를 설립하였고, V-ENS에서는 중국 베이징에 설계개발센터를 설립하였으며, LG전자에서는 베트남에 개발검증센터를 설립하여 운영하고 있다. 이러한 나의 경영 소신은 바로 미시간대학교에서 소프트웨어 엔지니어링 과목을 듣던 때의 배움과 믿음에 그 근거를 두고 있다고 할 것이다. 1984~1985년에 타이크로 교수님Dr. Teichroew의 소프트웨어 엔지니어링 과목을 수강하면서 내가 애당초 생각하는 소프트웨어 엔지니어링이라는 분야의 개념이 상당히 바뀌었기 때문이다.

나는 해당 과목을 수강 신청하면서 포트란Fortran, 코볼Cobol, 파스칼Pascal 등을 활용한 소프트웨어 코딩을 하던 시절이라 어떻게 소프트웨어를 효율적으로 작성할 수 있을까 하는 막연한 기대감을 품고 매우 기술적이고 기교적인 기법을 배우고자 하였다. 그런데 막상 교수님은 강의의 상당 시간을 시스템 아키텍처 디자인에서 강조하는 제품 개념에 대한 완벽한 이해, 요구 사항의 체계적 정리, 그래픽 인터페이스를 활용한 모델링 기법, 기능구조 및 관계도 전개, 데이터 흐름도, ERA 모델링 등 다분히 개념적이고 추상적인 정보 계획Information Planning을 늘 강조하였던 것으로 기억한다. 요구분석Requirement Analysis이 올바로 정의되고, 이러한 내용이 프로토타이핑과 시뮬레이션의 지원을 받아 제대로 된 설계 과정을 거친다면 연이은 코딩과 테스트는 상당 부분 자동화될 수 있다는 것이다.

이러한 나의 배움은 현장에서 여러 시행착오를 거치면서 더욱 그 중요성을 실감하게 되었다. 최근에 우리 본부의 소프트웨어 개발과 관련한 몇몇 품질 문제를 보면서 이들의 상당 부분이 올바로 된 시스템 아키텍처 디자인이 초반에 이루어지지 않아 마지막에 꼬여질

대로 꼬여진 상황에서 미처 예상하지 못한 품질 문제로 이어진 것을 알게 되었다. 예를 들면 새로운 하드웨어(주로 Micom)에 대한 사양 정보가 소프트웨어 개발자에게 전달되지 아니하여 발생하는 품질 문제라든지 상태 전이State Transition에 따른 영향도 평가와 점검이 충분하지 못하여 일어나는 소프트웨어 품질 문제이다.

이렇게 제품 개발 초기에 시스템 아키텍처 디자인에 충분한 시간과 정성을 쏟지 아니하는 행태는 우리 한국인의 성격 내지는 문화와 관련이 있지 않은가 생각한다. 한국인 특유의 '빨리빨리' 문화와 '비빔밥' 문화가 그것이다. 이는 완벽함에 95퍼센트까지 그 누구보다 빨리 접근할 수 있게 하는 동력이 될 수는 있을지 몰라도 완벽함을 추구하는 무결점Zero Defect 목표를 달성하는 데는 한계를 드러내곤 한다. "급할수록 돌아가라."라는 격언이 있다. 우리도 급할수록 기본에 충실하여 요구분석과 설계에 정성을 쏟는다면 외국 선진 회사와 같이 코딩과 테스트의 상당 부분을 BCC 인원을 활용하면서 사업 경제성을 극대화할 수 있을 것이다. 바로 이러한 체계의 원동력이 시스템 아키텍트에서 나온다. 그래서 나는 시스템 아키텍트 양성에 관심을 쏟고 있다.

3장

미래차 이슈와 자동차 산업의 대전환

자동차 산업은
어떤 변화에 직면해 있는가[*]

 코로나19 사태는 자동차 산업에 커다란 영향을 미치고 있다. 세계자동차공업협회에 따르면 글로벌 시장은 2020년 7,942만 대로 전년 대비 13퍼센트 감소할 전망이다. 이러한 저성장은 장기화로 이어져 2023년에나 2019년 수준으로 회복할 것으로 보인다. 그나마 현대기아차가 국내 시장에서 선전해 상대적으로 적은 타격을 받았지만 여전히 글로벌 시장의 위축으로 영업이익은 반 토막 난 상태고 하반기에도 V자 반등은 어려울 것 같다. 그러나 위기 속에서도 긍정의 메시지가 포착되기 때문에 분석을 통해 유의한 메시지를 찾고자 한다.
 첫째, 코로나19 사태가 오히려 친환경 수요를 자극했다. 코로나19 시대는 인류 전체 삶의 질에 지대한 영향을 미치는 환경을 더욱 심

---

[*] 이 글은 2020년 9월 28일 매일경제신문에 '코로나가 촉발한 차 산업 5가지 화두'로 게재되었다. 그리고 2021년 12월 기준 추가하고 싶은 내용을 덧붙였다.

각히 생각하게 했다. '그린생존'이 화두로 대두되면서 유가 급락에 따른 내연기관차의 부활은 기우에 그치게 됐다. 유럽자동차제조사협회 등이 유럽연합에 이산화탄소 배출 규제 완화를 요청했지만 오히려 독일 자동차 제조업체 빅3인 다임러, 폭스바겐, BMW가 반대 입장을 표명했다. 친환경 정책과 투자가 되돌릴 수 없는 수준이고 소비자 인식도 용납이 안 되기 때문이다.

둘째, 중국 시장에 대한 재조명이다. 글로벌 성장의 견인차 역할을 지속해온 중국이 2020년에는 10퍼센트 넘게 역성장할 것이다. 코로나19 사태로 인한 부품 공급망의 대혼란은 탈중국화를 가속화했고 해외 투자를 3분의 1 이상 위축시켜 리쇼링Reshoring을 부채질하는 '탈세계화'를 이끌고 있다.

셋째, 비대면 요구가 몰고 온 '개인화' 소비문화다. 코로나19 이전에 광풍을 일으켰던 우버, 리프트, 그랩 등 승차 공유 서비스 업체는 비대면과 사회적 거리두기 요구로 존폐의 갈림길에 서 있다. 코로나 시대의 신소비 문화는 승차 공유보다는 청결이 보장된 차량을 공유하는 차량 공유, 특히 개인화 요구를 만족시키는 구독 서비스(리스, 렌탈 포함)가 중심이 될 것이다. 또한 재택근무에서 겪는 답답함을 해소하면서 접촉 범위를 가족으로 제한하려는 경향은 레저 차량의 수요 증대로 이어지고 있다. 비접촉 개인화 요구가 늘어날수록 차량 통신을 통한 연계성의 요구인 차량 사물 간 기술도 발전할 것이다.

넷째, 비대면 업무로의 전환은 곧바로 '디지털 전환'을 가속화할 것이다. 모터쇼를 통한 정보 교류 마케팅 활동에 대변화가 일어날 전망이다. 즉 가상현실을 활용한 비대면 마케팅 플랫폼이 자연스레 모습을 드러낼 것이다. 마케팅뿐만 아니라 거의 전 분야에서 클라우드를 근간으로 한 IT 기술 활용이 자리 잡을 것으로 보인다. 디지털 전환이 가속화될수록 성과 평가는 시간 중심에서 가치 중심으로 이동하고 프로젝트 단위 중심의 업무 소통이 파일팀 단위로 세밀화될 것이다.

다섯째, 차량 실내의 청결을 높이는 '위생 공조' 시스템이 등장할 것이다. 테슬라를 비롯한 자동차 회사들은 대용량 에어필터 이오나이저를 통해 실내 공기정화 수준을 병원의 수술실 또는 무균실 수준으로 높이려고 시도하고 있다. 상용차에 대한 공중위생 청결 수준을 높이려는 여러 방안도 나오고, 스마트폰을 통해 관련 정보를 제공하는 방안도 나올 것이다.

결국 코로나가 불러일으킨 다섯 가지 대변화인 그린생존, 탈세계화, 개인화, 디지털 전환, 위생 공조는 계속 진행될 것이다. 이러한 변화를 선도하는 자만이 코로나와 함께하는 세상의 승자가 될 것이다.

✳ ✳

이제는 위드코로나를 이야기하는 상황이고 또 다른 변종 오미크론 바이러스로 온 나라가 야단이다. 하지만 코로나19로 촉발된 변화는 일시적이 아니라 또 다른 미래를 대비하는 것이다. 코로나19 위기가 변수가 아니라 상수가 된 시대이다. 그린생존을 비롯한 다섯 가지 대변화는 미래의 주도권을 잡기 위해서 반드시 건너야 하는 징검다리와도 같다. 코로나19로 촉발이 되었으나 이후에도 더욱 견고히 뿌리를 내릴 게 분명하다. 특히 탈세계화는 미중 패권 갈등과 글로벌 공급망 이슈까지 더해져 더욱 가속화될 것이다.

애플이 만드는 전기차는
어떻게 다를까*

2020년 12월에 애플이 2024년 즈음에 전기차를 출시할 것이라는 보도가 있었다. 비단 애플만이 아니라 구글과 같은 IT 업체들도 자율주행 분야 등에 상당한 투자를 지속하고 있다. 특히 전기차로의 변화가 대세가 되면서 과연 자동차 산업이 IT 업체가 뛰어들 수 있는 영역일까 하는 의문이 든다.

우선 이러한 물음에 답하기에 앞서 폭스바겐, 도요타, 현대자동차 등 전통적인 자동차 제조사들이 독점적으로 보유한 기술 영역을 살펴보고자 한다. 자동차사들의 독점적이고 차별적인 기술 영역은 크게 세 가지로 요약될 수 있다. 바로 엔진 기술, 차체구조 기술, 종합성능개발(시험평가) 기술이다. 이 중에서도 엔진 기술이야말로 회사

---

* 이 글은 2021년 1월 8일 한국경제신문에 '애플 전기차는 게임 체인저 될까?'로 게재되었다. 그리고 2021년 12월 기준 추가하고 싶은 내용을 덧붙였다.

애플 자율주행차 상상도

간 우열을 극명하게 가르는 핵심 요소 기술로 자리 잡았다. 오죽하면 중국이 엔진이 필요 없는 전기차로 집중했겠는가. 중국은 자동차 산업을 국가적 차원에서 지원하면서 엔진 분야만큼은 도저히 독일과 일본 등 선진국을 따라잡을 수 없다고 판단하고 전기차로 힘을 전환하고 집중하고 있다.

전기차는 엔진이 아예 없다. 또한 3만여 개의 부품으로 구성된 내연기관차에 비해 전기차는 부품 수도 훨씬 적다. 일본자동차부품협회 보고서에 따르면 37퍼센트가 줄어든다고 한다. 그렇다면 엔진이 없는 상태에서 자동차사에 남은 차별적 기술은 따라잡을 수 없는 기술일까? 차체구조 기술 내지는 종합성능개발 기술은 한국과 중국 등 후발주자에서도 이미 보았듯이 어느 정도 개방 평준화되었고 필요하면 아웃소싱도 가능하다. 결국 전기차 시대의 핵심 기술인 전동화는 물론이고 자율주행, 통신 기술, 사용자 편의성 중심의 인포테인먼트 등과 같이 시장에서 평가받는 미래 핵심 기술은 오히려 IT 기술에 기반한 소프트웨어로 중심이 옮겨 갔다. 전통적 하드웨어 중심에서 소프트웨어 중심으로 빠르게 바뀌고 있다. 이제 자동차 산업에서도 소프트웨어를 효과적으로 설계하고 구현하는 자가 승자가 된다.

차량 소프트웨어는 실체적으로는 전자제어장치에 담기게 된다. 현재로서는 70~100여 개로 분산되어 있는 전자제어장치들을 유사한 기능별로 3~5개로 통합하는 영역별 분산제어 시스템이 현실적 대안이 되고 있다. 다시 말해 3~5개의 컴퓨터가 차량 내에 위치하게 되고 이를 종합 관리하는 중앙 시스템이 존재하게 된다. 이러한 영역별 분산제어 시스템은 아마도 중장기적으로는 중앙에서 통합 관리하는 하나의 커다란 시스템으로 진화하리라는 게 업계의 중론이다. 자동차가 하나의 커다란 컴퓨터가 되는 것이다.

앞으로 자동차 산업은 자동차 전용 운영 시스템과 애플리케이션을 연계하는 미들웨어 등으로 구성된 소프트웨어 아키텍처와 이들 간의 네트워크와 하드웨어 구성까지를 커버하는 전기·전자 아키텍처를 효율화하고 선점하는 자가 승자가 될 것이다. 결국 애플과 같이 스마트폰에서 유사한 경험을 한 회사는 이러한 전기차가 분명 매력적이고 자신감을 가질 수 있는 영역이다. 다만, 전기차의 가장 중요한 구성 요소인 배터리가 과제로 남는다. 애플의 자동차 진출을 전하는 로이터 통신에 따르면 애플은 나름 배터리에 기술 투자를 그간 활발히 진행하면서 모노 셀 구조의 리튬인산철 배터리를 자체 개발하였다고 한다. 애플이 원가를 낮추고 안전하면서도 주행거리를 혁신하였다는 것이다. 이것이 사실이라면 차량 전기·전자 아키텍처를 그 누구보다도 차별적으로 구사할 능력을 갖춘 애플의 전기차 도전은 충분히 현실화가 가능한 시나리오라 생각된다.

애플의 시나리오가 현실적이면서도 위력이 강해 보이는 것은 이미 전적이 있기 때문이다. 애플이 1987년 매킨토시를 세상에 선보이면서 시작한 기술 혁명은 2007년 스마트폰 아이폰과 iOS 생태계로 발전하면서 2018년에는 세계 최초로 1조 달러의 거대 기업이라는 결실을 맺었다. 엄청난 자금력과 뛰어난 브랜드 이미지를 갖춘 애플이 불러올 자동차 산업의 변화는 그간 테슬라가 보여준 것과는 비교가 안 될 정도로 강력할 것이다. 그들이 꿈꾸는 iCar는 근본적으로 다른 차원의 운영체제를 갖출 것이다. 아이폰에서 보여준 폐쇄적 소프트웨어 생태계를 다시 한번 재현하면서 완벽한 보안 시스템도 갖출 것으로 예상된다. 자동차 산업계는 애플의 폐쇄적 소프트웨어 생태계에 대비한 대안을 사전에 준비해야 낭패를 보지 않을 것이다. 또한 자율주행과 같은 대규모 연산을 요구하는 소프트웨어를 효과적으로 담을 수 있는 비메모리 시스템 반도체와 전기차용 전력반도체 산업을 발 빠르게 육성해야 한다.

✶ ✶

덧붙여서 애플의 타이탄 프로젝트를 잠시 소개하고자 한다. 애플의 미래 자동차 프로젝트로서 2014년부터 회자되고 있고 우여곡절을 거쳐 테슬라의 수석 엔지니어였던 더그 필드Doug Field를 채용해 자율주행 전기차를 개발하는 것으로 알려져 있다. 그러나 2021년 9월 더그 필드가 포드로 이직하면서 스마트워치 개발자 캐빈 린치Kevin Lynch가 책임지고 있다고 한다. 물론 애플은 테슬라와 BMW 등에서 지속해서 개발자를 영입하고는 있지만 더그 필드와 같은 핵심 인원

폭스콘이 테크놀로지 데이 때 제시한 MIH 개방형 플랫폼

(출처: 비즈니스코리아(2021. 2. 4))

이 이탈해 정보가 유출될 우려가 커지는 상황이다. 시중에는 타이탄 프로젝트의 예상 콘셉트 이미지들이 나돌고 있다.

나는 애플카와 관련하여 예의주시하는 기업이 있다. 바로 애플의 아이폰을 주문생산하고 있는 대만의 폭스콘 동향이다. 폭스콘은 2018년 기준으로 매출액이 204조 원, 영업이익이 5조 원인 회사가 전기차 제조에 가세한 것이다. 2021년 10월 테크놀로지 데이 때 SUV, 승용차 콘셉트카, 전기버스 등을 공개하였으며 전기버스는 2022년 출시 예정이라 한다. 대만의 위롱자동차가 첫 고객이 될 것이라고 전하고 있다. 행사 당일 그들은 전기차 제작을 지원하는 개방형 플랫폼 MIH도 선보이면서 이에 동참한 파트너사를 공개하였다.

세계 4위 완성차 업체 스텔란티스의 CEO 카를로스 타바레즈가 소프트웨어 데이에서 발표하고 있다. 폭스콘과 함께 자율주행 및 커넥티드 차량 반도체를 자체 개발하겠다고 선언했다.

그동안 나온 정보에 따르면 폭스콘은 2023년에 미국의 전기차 스타트업 피스커와 함께 전기차를 미국에서 생산할 예정이라 한다. 이미 폭스콘은 전기 픽업트럭 업체인 로즈타운모터스의 오하이오주 공장을 인수하였다.

이러한 소식보다도 가장 나의 눈길을 끄는 것은 2021년 7월에 세계 최고의 하드디스크용 정밀모터 제조사인 일본전산과 협력한다는 발표였다. 2021년에 투자계약을 체결하고 대만에 합작사를 설립하여 전기차용 모터를 생산한다는 것이다. 일본전산의 전기차용 모터 공급은 중국의 광저우자동차와 지리자동차에 이미 실적이 있으나 애플과 친근한 폭스콘과의 합작은 별도의 의미가 있는 게 아닌가 하는 합리적 추측을 낳는 데 충분하다. 일본전산은 향후 5년간 100억 달러를 전기차 부품에 투자할 예정이라고 발표하였다.

2021년 12월 7일에 열린 세계 4위의 자동차 제조사 스텔란티스의 소프트웨어 데이에서 폭스콘은 스텔란티스의 스마트 콕핏Smart Cockpit의 전략적 협력사로도 발표되었다. 아마도 스텔란티스는 인포테인먼트 개발에 필요한 노하우를 스마트폰을 생산하고 있는 폭스콘을 통해 조기에 습득하려는 전략으로 보인다. 동시에 차량용 반도체에 관한 공급망 이슈를 풀고자 하는 속셈도 깔린 것으로 해석되는 부분이다.

무엇보다도 나는 애플과 폭스콘의 관계를 주목하고 있다. 그들의 관계는 특수한 파트너십이다. 어찌 보면 애플만이 취할 수 있는 슈퍼 갑질이라 할 수 있는 일방적이고 무례한 요구를 받아들일 수 있는 폭스콘의 문화를 뜻한다. 이 관계를 받아들인 회사는 그리 많지 않을 것이다. 2021년 초에 애플과 현대자동차의 협력 가능성에 관한 기사가 나왔다. 그때 나는 그럴 리 없다고 호언장담하였다. 두 기업의 문화가 협력할 수 없다고 판단하였기 때문이다. 애플을 경험해 본 회사는 안다. 그들의 요구가 얼마나 대단한지. 따라서 그간 애플과의 협력을 스마트폰 사업에서 성공적으로 유지하는 폭스콘의 움직임을 연관하여 주시하고 있다.

왜 차량용 반도체 부족 사태가 일어났을까

 전 세계에서 차량용 반도체에 대한 품귀 현상이 가속화되면서 제너럴모터스와 포드 등 유력 자동차 제조사들은 공장 셧다운 내지는 감산을 단행하고 있다. 다행히도 현대자동차그룹은 한 달 이상의 재고를 비축하였기에 직접적인 생산 차질은 피하였으나 한국GM은 직격탄을 맞아 부평공장은 2021년 2월 8일 이후 50퍼센트 이상 감산하였다.

 이번 사태는 코로나19로 인한 판매량 감소 예측이 과도하였던 것이 주원인이다. 전 세계적으로 2020년 판매량이 약 25~30퍼센트가량 줄어들 것으로 예측하였으나 실제론 약 15퍼센트만 줄었다. 또한 2021년 들어 판매 회복 속도가 훨씬 빠르게 진행되었다. 이 사태에

---

* 이 글은 2021년 2월 22일 한국경제신문에 '차량용 반도체 공급망 구축 서둘러야'로 게재되었다. 그리고 2021년 12월 기준 추가하고 싶은 내용을 덧붙였다.

서 주목할 만한 이슈는 수요 예측 오류가 업계에서는 종종 있는 일이다. 그런데 왜 유독 반도체는 민첩하게 대응하지 못하는가이다.

결론부터 말하자면 반도체 공급사 입장에서는 차량용 반도체가 다른 제품에 비해 그리 매력적이지 않다. 스마트폰, 컴퓨터, 서버와 같은 제품에 비해 판매량이 적어 매출기여도가 낮고 자동차 제조사의 과도한 원가절감 요구로 수익성도 낮기 때문이다. 차량용 반도체는 8인치 웨이퍼를 사용해 생산하나 TV와 생활가전에 밀리고 12인치 웨이퍼를 쓰는 곳은 고부가가치인 중앙처리장치CPU와 그래픽스처리장치GPU에 밀려서 차량용 반도체가 설 땅이 마땅치 않다. 게다가 차량용 반도체는 기술적 품질 요구 수준이 매우 까다롭다. 자동차전자부품협회AEC 신뢰성 기준에 따르면 최소한 3등급 이하(3, 2, 1, 0등급으로 구분되며 장착 위치에 따라 최저온도 영하 40도에서 최고 온도 85도, 105도, 125도, 150도로 구분함)의 외부환경 조건을 만족시켜야 하기 때문이다. 참고로 실내에 설치되는 생활가전의 0~40도 요구조건과 비교하면 이해가 쉬울 것이다.

결국 공급사 입장에서 보면 차량용 반도체는 매출이 적고 수익성도 낮은데 품질 요구 수준은 높으니 자연스럽게 우선순위가 낮아질 수밖에 없다. 이를 단기적으로 해결할 수 있는 유일한 방법은 공급가를 높여 매력도를 높이는 것뿐이다. 대만의 TSMC와 같은 반도체 전문 생산업체(파운드리사)는 15퍼센트 이상의 단가 인상을 요구하고 있다. 그런데 반도체 가격이 10퍼센트 인상되면 자동차사의 영업이익이 1퍼센트 정도 감소한다. 자동차사로서는 급하다고 덥석 받아들일 수는 없는 인상 요구이다.

더욱 중요한 문제는 이러한 차량용 반도체 공급 이슈가 자동차 산업의 전반적인 추세, 즉 연결성, 자율화, 공유화, 전동화로 더욱 가속화되리라는 것이다. 참고로 현재의 고급 승용차에는 반도체가 200~300개가 쓰이는데 3등급 이상의 자율주행 전기차는 반도체가 2,000개 이상이 필요하다. 따라서 차세대 자동차용 반도체에 대한 보다 근원적 대책이 절실하다.

차량용 반도체는 특성상 스마트폰 내지는 컴퓨터 등과는 달리 상대적으로 소량 다품종을 요구하고 품질과 신뢰성에서 요구 수준이 매우 높다. 따라서 이에 적합한 생산공정 준비가 이뤄져야 한다. 품귀 대란을 초래한 차량용 마이크로 컨트롤러 유닛MCU, Micro Controller Unit만 보더라도 생산 준비기간이 최소 6개월 이상 소요된다. 향후 자율주행용 내지는 전기차용 고부가가치 시스템 반도체는 그 준비기간이 최소한 1년 이상은 필요할 것이다.

자동차 산업의 미래는 연결성, 자율화, 공유화, 전동화 요구에 따른 고부가가치 시스템 반도체를 누가 제대로 준비하는가에 달려 있다. 5G와 6G 통신용 반도체, 자율주행 용도의 신경망처리장치NPU와 카메라용 이미지 센서, 전기차용 전력반도체 등이 핵심 반도체로 자리 잡을 것이다. 또한 반도체에 안정적 전력을 공급하는 수동소자 적층형 세라믹 콘덴서MLCC의 수요도 동반 폭증할 것이다. 비록 우리나라가 메모리 반도체 분야는 세계 최강국일지라도 차량용 비메모리 시스템 반도체 분야는 취약하다. 따라서 이번 품귀 사태를 차량용 반도체 공급망 체제를 체계적으로 구축하기 위한 계기로 삼아야 한다. 그리고 이러한 계기를 마련하는 것은 자동차 제조사와 반도체 회사(팹리스, 파운드리) 간의 전략적 협업으로 시작되어야 한다.

※ ※

　자동차 제조사들의 차량용 반도체 내재화 움직임도 주목해야 한다. 현대모비스가 차량용 반도체를 국내 파운드리 업체와 공동으로 개발한다는 발표가 있었다. 현대모비스는 반도체 회사로의 변신을 공언하고 있다. 연결성, 자율화, 공유화, 전동화 변화의 핵심에 반도체가 있기에 현대모비스와 같이 자동차 제조사들의 내재화 움직임이 가속화될 것이다. 일단은 공동 개발 내지는 전략적 협력의 형식을 띠겠지만 궁극적으로는 수직계열화 내지는 자체 생산 방향으로 매듭지어질 전망이다. 마치 전자기기 세트 메이커set maker가 반도체를 바라보는 시각과 같다. 자동차가 움직이는 전자기기가 됨에 따라 핵심 부품인 차량용 반도체의 내재화는 어찌 보면 당연한 수순이다.

　애플과 테슬라의 사례도 참고할 필요가 있다. 그들은 반도체 파운드리를 갖고 있지 않으나 팹리스로서 반도체 개발 능력을 보유하고 있다. 그러나 이제는 그들도 글로벌 반도체 공급망 수급 이슈에 직면하고 완제품 공급에 차질을 경험하면서 파운드리를 좀 더 다원화할 것이다. 아울러 중소 파운드리에 대한 인수합병이 활발해질 전망이다.

　차량용 반도체 사태는 당분간 지속될 것으로 보인다. 그리고 이 기간에 차량용 반도체 가격은 상승할 것이고 그 부담이 차량 가격에 전가될 게 분명하다.

자동차 업계의 인수합병에서 교훈을 얻자*

영국은 과거 자동차 산업에서 중요한 위치를 점하였는데 이제는 자국 소유 회사가 애스턴 마틴을 제외하고는 없다. 쟁쟁했던 롤스로이스, 재규어, 랜드로버, 미니, 벤틀리, MG로버, 로터스, 복스홀, 런던택시 등 유명 브랜드의 제조사가 타국에 매각되었다. 1970년대 이후 계속된 심각한 노사분쟁과 근시안적 경영이 그 원인으로 꼽힌다. 하지만 기술력만큼은 탁월한 회사들이었다.

자동차 제조사의 운명이 바뀐 것은 영국만이 아니다. 우리나라도 기아, 대우, 삼성, 쌍용차가 1997년 IMF 외환위기로 각각 현대자동차, 제너럴모터스, 르노, 상하이자동차(이후 인도의 마힌드라)에 매각되었다. 일본도 다이하츠, 스바루 등이 도요타에 인수되었고 닛산이 르

---

* 이 글은 2021년 9월 22일 한국경제신문에 '차 산업 M&A와 쌍용차의 길'로 게재되었다. 그리고 2021년 12월 기준 추가하고 싶은 내용을 덧붙였다.

노에 매각되었다. 미국도 크라이슬러가 독일의 다임러(이후 이탈리아의 피아트)에 매각되었다. 이러한 인수합병에 공격적인 나라가 중국이다. 지리자동차는 영국의 로터스와 런던택시, 스웨덴의 볼보 등을 비롯해 말레이시아의 프로톤도 인수하였다. 심지어는 독일 최고의 기술력을 보유한 다임러 지분 10퍼센트를 매입하면서 최대 주주로 등극하였다. 이러한 자동차 제조사들의 인수합병 과정을 지켜보면 흥미로운 사실 몇 가지를 관찰하게 된다.

첫 번째는 패자의 '뒤늦은 반성과 분발'이다. 인수된 패자가 피인수 이후에 인수한 회사, 즉 승자보다도 분발하여 상대적으로 더 좋은 경영실적을 냈다는 사실이다. 르노그룹에 인수된 닛산, 타타에 인수된 재규어랜드로버, 피아트에 인수된 크라이슬러, 지리자동차에 인수된 볼보 등이 인수된 이후 긍정적 성과를 보였다. 때늦은 분발이지만 안정적 자금을 공급받으면서 심기일전하여 본질적 가치인 제품 기술력과 품질에 집중하고 노사갈등도 정상화된 것이 중요한 요인이다. '정반합正反合'의 과정에서 '반反'의 과정을 쓰라리게 경험하고서 빠르게 변화를 받아들인 것이다. 경영의 무서운 적인 오만의 틀에서 빠져나와 겸손한 마음가짐으로 경영하였기 때문이다.

두 번째는 앞서 언급한 성공적인 인수합병의 상당수가 피인수사보다 못한 인수사의 기술력이다. 중국 지리자동차가 볼보를 인수하였을 때 중국의 일간지에서조차 "뱀이 코끼리를 먹었다."라고 비아냥거릴 정도였다. 몇 년 전에 재규어랜드로버를 인수한 타타그룹의 사이러스 미스트리Cyrus Mistry 회장과 식사를 같이하면서 담소를 나눈 적이 있다.

"재규어랜드로버 인수를 통해 어떠한 점을 기대했습니까?"

"재규어랜드로버는 타타와는 다른 고객층을 가진 프리미엄 브랜드입니다. 그들이 진정한 실력을 발휘하도록 최선을 다해 도울 것입니다."

그의 대답은 짧았지만 명쾌했을 뿐만 아니라 일반적인 통념과는 사뭇 달랐다. 타타자동차와 재규어랜드로버의 섣부른 통합 효과보다는 재규어랜드로버의 정상화에 주력하겠다는 의지로 느껴졌다. 피인수사를 진정으로 이해하고 내재된 실력을 마음껏 발휘하도록 지원하면서 기다리는 투자자의 마음이 피인수사 구성원들에게 전달된 것이다. 사이러스 미스트리Cyrus Mistry 회장의 의지는 립서비스가 아니었다. 이전에는 볼 수 없었던 피인수사의 제대로 된 업력과 잠재력이 새 주인을 만남으로써 표출될 수 있었다.

셋째로는 인수사가 실력으로 우위에 있어 피인수사의 장점을 충분히 이해하지 못한 채 단지 시너지라는 명목으로 인수사의 패러다임을 강요했을 때 실패가 많았다는 것이다. 그 예가 바로 다임러의 크라이슬러 인수, 포드의 볼보 인수, 제너럴모터스의 스웨덴 사브 인수라 할 수 있다. 반면에 인수사가 탄탄한 기술력과 실력을 갖춰 우위에 있지만 성공한 예도 있다. 바로 BMW의 영국 미니 인수이다. BMW는 미니의 전륜 구동 기술과 소형차이지만 폭넓은 차륜 거리를 갖출 수 있는 패키지 기술 등을 계승 발전하도록 지원하였다. 기존의 기술력을 인정하고 배려하면서 지원하는 모습이 최선의 결과를 가져온 것이다.

최근에도 이러한 인수합병이 계속되고 있다. 일본의 미쓰비시를 르노닛산얼라이언스Renault-Nissan Alliance가 인수하였고 독일의 오펠과 영국의 복스홀을 프랑스의 푸조시트로엥 그룹이 인수하였다. 2021년

1월에는 푸조시트로엥과 피아트 크라이슬러 오토모빌스가 50대 50으로 합병하면서 스텔란티스라는 세계 4위의 다국적 업체가 탄생하였다. 국내에도 쌍용차 인수가 진행 중이다. 자동차 인수합병 역사를 통한 흥망성쇠를 보면 핵심적 교훈을 얻게 된다. 인수자의 배려와 피인수자의 도전적 자세가 융합되어 상품성과 기술력으로 거듭나면 성공할 수 있다는 것이다. 고객은 냉정하다.

현재 진행 중인 쌍용차의 인수 이후의 답은 정해져 있다. 미래 지향 SUV 제조업체로 거듭나야 한다. 그러나 거론되는 인수합병의 기술력과 자금력으로는 경쟁력을 갖출 수 있을지 의문이다. 미래차 방향인 연결성, 자율화, 공유화, 전동화 측면에서 차별성이 보이지 않기 때문이다. 전동화를 위한 전용 플랫폼도 없고 자율주행과 스마트카를 위한 소프트웨어 개발력도 취약하다. 이를 커버할 자금력도 의문이다. 과거 상하이자동차나 마힌드라에 비하면 인수 희망업체의 자금력이 비교가 안 되게 열세이다. 그렇다고 이들이 연결성, 자율화, 공유화, 전동화에 대한 선도적 업력이 있는 것도 아니다. 냉정히 보면 쌍용차가 가진 자산은 SUV 개발력이 전부이다. 과거에는 해당 가치 때문에 상하이자동차나 마힌드라가 인수하였지만 이제는 이마저도 거의 소멸되었다고 보는 것이 객관적인 분석이다.

연결성, 자율화, 공유화, 전동화에 대한 기술력 미비, 자금력 부족, 그리고 브랜드 이미지 실추라는 현실 속에서 쌍용차가 살아날 유일한 방법은 극한의 선택과 집중이다. 물론 구성원의 단합은 기본이다. 더 이상의 노사갈등은 불구덩이에 들어가는 불나방이 될 뿐이다. 고객이 원하는 연결성, 자율화, 공유화, 전동화의 미래를 철저히 분석해 마지막 신의 한 수를 모색하여야 한다. 이제 쌍용차의 인수합병은 과거 상하이자동차나 마힌드라 인수 때와는 달리 자동차 인수합병 역사에서도 그 성공 사례를 찾기 힘든 도전적 과제가 되어버렸음을 명심하여야 한다.

✼ ✼

쌍용차 인수합병과 관련해 조금 더 덧붙이자면, 쌍용차 인수를 통해 전기차로 거듭나겠다고 하는 우선협상대상자인 에디슨모터스의 발표는 공허해 보인다. 전기차 개발을 위한 개발력, 자금력, 나아가서는 기업문화가 전혀 형성되지 않았다고 보기 때문이다. 쌍용차를 회생시킬 수 있는 유일한 방안은 현대자동차그룹으로의 인수합병이다. 그러나 이마저도 제품이 중첩되기 때문에 현대자동차그룹으로서는 흥미롭지 않겠으나 국가와 지역 경제의 발전이라는 대승적인 차원에서 수요가 늘고 있는 SUV의 생산기지로써 활용하는 방안을 고려해볼 만하다.

자동차 산업에서
협업 개발이 활발해지고 있다*

독일 다임러사의 CEO인 디터 제체Dieter Zetsche 박사는 2016년 파리 모터쇼에서 최근의 자동차 산업이 겪고 있는 대변혁의 동인을 연결성, 자율화, 공유화, 전동화로 요약하였다. 그리고 변화는 또 한 번 이루어졌다. 연결성, 자율주행, 공유화, 전동화 등에 더하여 스마트폰이 제시한 사용자 편의성, 즉 스마트한 조작성이 차량 내부에 반영된 연결성, 자율화, 공유화, 전동화+스마트CASES(CASE+Smart)로 진화하면서 자동차 산업의 새 역사를 만들어가고 있다.

이러한 변화는 몇 가지 공통적 특성을 보여준다. 첫 번째 특성은 산업 간 융복합을 가속화한다는 것이다. 특히 IT 기술 업체와의 융복

---

* 이 글은 2019년 11월 21일 경주에서 개최된 자동차공학회 추계학술대회에서 특별 강연한 내용을 요약한 것으로 12월 6일 매일경제신문에 '자동차 산업도 애자일로 혁신해야'로 게재되었다. 이 글은 비록 2년이 지난 글이나 지금도 그대로 읽어도 되는 글이다. 오히려 이 글에서 주장한 내용이 현실에 그대로 반영되고 있음을 확인하며 읽으면 좋을 것이다.

합 필요성은 자동차 패권의 향배를 좌우할 만큼 파급력이 크다. 이 때문에 애플이나 구글과 같은 초대형 IT 업체의 동향이 초미의 관심사가 되기도 했다. 그러나 현재로서는 IT 업체의 독자적 행보보다는 기존 자동차 회사와의 긴밀한 협업을 추구하는 방향이 대세로 자리 잡았다. 따라서 자연스럽게 자동차 회사와 IT 기술을 중심으로 한 이종 산업 간의 전략적 제휴가 증가하고 있다. 아울러 소프트웨어의 위상이 제고되면서 인력 채용 또한 소프트웨어 엔지니어와 정보기술 전문가 쪽으로 기울고 있다. 2019년 8월 독일의 컨설팅 기업 롤랜드 버거Roland Berger의 보고서에 따르면 2018년 독일 자동차 산업 인력 수요는 기계공학이 전년 대비 21퍼센트가 감소했지만 소프트웨어 및 정보기술 분야는 각각 56퍼센트와 14퍼센트 증가하였다. 이러한 연결성, 자율화, 공유화, 전동화+스마트 관련 신기술의 도입은 투자 규모도 대형화한다. 예를 들어 2017년 기준으로 영국의 재규어랜드로버의 시설 투자 및 연구개발비 부담이 차 한 대당 무려 6,793유로에 달하고 소형차 메이커인 폭스바겐은 대당 2,552유로에 달하고 있다. 이는 특히 자율주행 분야에서 크게 부각되었다. 구글은 2009년부터 2015년까지 11억 달러를 투자하였다.

차량의 전동화는 필연적으로 차량 아키텍처의 중심을 기존 하드웨어 중심의 기하학적 아키텍처에서 전기·전자 아키텍처로 옮겨놓았다. 이들 기하학적 아키텍처와 전기·전자 아키텍처를 종합적으로 아우르는 차량 아키텍처를 선도하는 회사가 기술적인 우위를 점하게 되었다. 참고로 그간 개별 제어장치로 분산된 시스템은 점차 유사 영역별 제어장치로, 궁극적으로는 차량용 컴퓨터로 진화할 것이다. 이러한 연결성, 자율화, 공유화, 전동화+스마트 변화를 선도하는 거대

부품업체의 출현이 가시화된다. 예를 들어 5G용 통신 반도체, 자율주행용 알고리즘을 담은 비메모리 반도체, 배터리, 전력반도체 제조업체들이다.

연결성, 자율화, 공유화, 전동화+스마트 시대의 특성은 융복합체Convergence, 전략적 제휴Alliance, 거대 투자Scale Merit, 소프트웨어Software, 전기·전자 아키텍처E/E Architecture, 초대형 부품사Mega Supplier의 중요성으로 규정할 수 있다. 이의 앞 글자를 따면 CASESM이 될 것이다. 결국 자동차 산업이 연결성, 자율화, 공유화, 전동화+스마트로 인해 변화가 폭발되고 이들의 특성이 CASESM으로 요약된다. 중요한 것은 이를 어떻게 효율적으로 수용하고 선도할 것인가이다. 개발 분야에서는 전통적인 매트릭스 조직의 운영으로는 변화의 속도를 따라갈 수 없으므로 IT 및 소프트웨어 개발 업계에서 활발히 적용하고 있는 애자일 개발 방법론을 서둘러 도입해야 할 것이다.

이러한 변화의 중심에는 이를 실천하는 유연하고 개방적 사고를 지닌 리더가 반드시 있어야 한다. 특히 초대형 부품사의 등장에 따라 선행적이고 전략적인 협업은 초일류 자동차 회사로 가기 위한 선택이 아니라 필수 조건이 되었다. 자동차 회사는 최고경영자를 중심으로 전략적 구매를 선도하는 상품기획과 협업을 장려하는 연구개발 문화를 독려하고 정착시켜야 한다. 과거의 갑을 관계로 대변되는 협력업체와의 수직적 계열화 관계가 연결성, 자율화, 공유화, 전동화+스마트 시대에서는 수평적 협업 관계로 전환되면서 고객과 시장을 중심으로 한 동적 가치사슬로 변모할 것이다.

갑을문화에서 수평적 협업문화로 바뀌어야 한다*

40년 넘는 직장생활을 자동차 산업과 연을 같이하였다. 그중 22년은 갑에 해당하는 자동차 회사에서, 18년은 을에 해당하는 부품회사에서 근무하였다. 아마도 갑을문화가 가장 명확한 곳이 자동차 산업일 것이다. 한번 업체로 선정되면 비교적 오랜 기간 안정적 공급권을 확보하기에 갑과 을의 관계가 선명하게 각인되어온 것이다. 그래서 우스갯소리로 을에 종사하는 이는 꿈에서라도 갑질하는 회사에 있어 보고 싶다고 한다.

LG에서 자동차 부품 사업을 일구고 있을 때의 일화다. 한창 전기차와 관련한 부품을 개발하고 납품처도 확정하면서 사업을 확대하다 보니 언론을 비롯한 여러 곳에서 혹시나 LG가 최종 자동차 사업

---

* 이 글은 2021년 5월 13일 한국경제신문에 '차 산업, 갑을문화에서 협업문화로'로 게재되었다.

까지 영역을 확장하지는 않았는가 하는 의구심을 품었을 때의 일이다. 어느 날 구본무 회장께서 나에게 "이우종 사장에게 호號를 하나 선사하지요. 바로 평을도사平乙道士랍니다."라는 말씀을 했다. 평생 을로 살라는 뜻이다. 사업의 한계를 분명하고도 명쾌하게 정해준 것이다. LG는 자동차를 직접 사업할 생각이 전혀 없다는 뜻을 이렇게 재치 있고 확실하게 전달했다.

그런데 요즈음 자동차 산업을 보면 갑을문화에 커다란 변화가 예견된다. 일례가 테슬라와 폭스바겐의 배터리 관련 행사이고 또 다른 일례는 최근의 차량용 반도체 사태이다. 테슬라의 배터리데이와 폭스바겐의 파워데이 행사는 배터리라는 한 부품에 대해 자사의 사업 전략을 전 세계에 공표하고 과시한 행사였다. 참으로 예외적인 현상이다. 자동차 자체가 아니라 구성 부품에 대해 이렇게 온 그룹의 혼신을 담아 전 세계를 대상으로 큰 행사를 개최하였으니 말이다. 그만큼 전기차 시대에서 배터리가 차지하는 위상을 절감하게 하는 이벤트였다.

최근의 차량용 반도체 사태는 지금의 자동차뿐만 아니라 미래의 자동차에서 반도체가 얼마나 중요한 핵심적 부품인지를 새삼 일깨워준다. 또한 반도체와 관련한 공급망이 이제 자동차사가 주도권을 갖고 전통적 갑을 관계 속에서 업체 선정, 가격 결정, 납품 관리 등의 구매 활동을 지속할 수는 없다는 방증이다.

과연 미래형 자동차에서 배터리와 반도체라는 부품은 어떠한 위상을 차지할 것인가? 전략적 부품에 대한 소수의 부품업체가 판을 흔들 수 있는 상황이 도래하였다. 이러한 부품업체를 초대형 부품사라 칭한다. 해당 부품의 기술 수준이 매우 높고 장기간의 연구개발이 필요하며 시설투자도 대규모인지라 가능한 업체 수도 소수일 수밖에 없다. 공급선이 과점 상태인 것이다. 배터리와 반도체를 비롯해 자율주행 소프트웨어와 센서 등도 초대형 부품사가 될 가능성이 매우 크다.

초대형 부품사와의 관계는 갑을문화로는 해결할 수 없다. 수요자 우선주의가 적용되지 않기 때문이다. 소위 '꼬리가 몸통을 흔드는' 상황이 될 수 있음을 직시하여야 한다. 자동차사 입장에서는 초대형 부품사에 대해 상품기획 초기부터 전략적 협업을 고려하지 않을 수 없다. 기술 로드맵을 공유하고 미래에 대한 불확실성을 분담하는 시스템을 정립해야 한다. 예를 들어 부품 개발의 일정 역할을 자동차사가 대행하는 것이다. 부품 개별 시험과 시스템 통합 시험의 상당 부분을 공유하는 것이다. 또 다른 예는 초기 물량에 대한 불확실성을 계층화하여 구간별로 차별적 가격을 제시하는 층별 가변 계약Bandwidth Agreement이다. 층별 가변 계약은 필연적으로 재고관리를 비롯한 생산 시스템의 유연성을 요구하여 관리비용도 상승할 수밖에 없다. 이를 상쇄하기 위한 공용화 바람은 더욱 드세질 것이다. 자동차 회사 내의 기능 조직 간 간극을 최대한 줄이는 작업도 필수적 요소이다. 상품기획 조직, 연구개발 조직, 구매 조직이 초기부터 혼연일체가 되어 초대형 부품사와의 협업 방안을 도출해야 하기 때문이다.

초대형 부품사의 등장에 따른 부품 공급망 주도권에 대한 불확실성의 증대는 전략적 파트너십을 강화하는 계기가 될 것이 분명하다. 이를 공고히 하기 위해서는 위험을 상호 공유하는 시스템이 선행적으로 정립되어야 한다. 이제 자동차 산업은 갑을문화로 대변되는 전통적인 공급망 구조의 수직계열화에서 초대형 부품사의 등장에 따른 수평적 협업문화로 탈바꿈해야 한다.

미래차 개발에 앞서
조직문화를 혁신하라*

　미래 자동차의 지향점은 연결성, 자율화, 공유화, 전동화이다. 이와 같은 변화의 핵심에는 IT 기술 및 전자 산업과의 경계를 넘나드는 융복합이 자리 잡고 있다. 따라서 애플이나 구글과 같은 초대형 IT 업체의 영향력이 커지고 자동차사와 아마존이나 소프트뱅크 등과의 제휴가 자연스럽게 받아들여지는 중이다.

　전기차를 필두로 한 차량 전동화는 친환경 달성의 대세로 자리 잡았다. 그리고 자율주행과 사용자 편의성을 강화한 인포테인먼트 시스템이 스마트폰과 같은 방향으로 급진전하면서 자동차는 이제 '이동하는 전자제품'으로 변모하고 있다. 이러한 변화는 소프트웨어의 중요도를 획기적으로 제고하면서 동시에 이를 구현하는 하드웨어로

---

*　이 글은 2021년 7월 7일 한국경제신문에 '미래차 개발은 조직 문화 혁신부터'로 게재되었다.

서 반도체가 핵심 부품으로 자리매김할 것이다. 차량의 전기·전자화는 필연적으로 유관 자원의 부족 현상을 불러일으킬 게 뻔하다. 해당 자원이 타 산업의 수요와 중복되기 때문이다.

전기·전자 관련 자원의 부족 현상을 자동차 사업에서는 어떻게 풀어야 할 것인가? 답은 내재화 강화 혹은 합작회사JV 설립을 통한 협업 내지는 아웃소싱이다. 최근 자동차 산업에서 나타난 몇 가지 예를 자율주행 개발, 그중에서도 핵심인 카메라 센서에 의거한 영상인식 소프트웨어 개발을 중심으로 살펴보자. 참고로 해당 분야의 선두주자는 이스라엘에서 벤처로 출발하여 2018년 인텔에 인수된 모빌아이이다. 모빌아이는 설립 이후 지속해서 시장점유율 50퍼센트 이상을 달성해온 점을 고려하면 절대 강자임이 틀림없다. 현대자동차그룹, 제너럴모터스, 도요타, 포드 등 상당수의 자동차 회사들이 영상인식 소프트웨어를 아웃소싱하고 있다.

이와 달리 철저한 내재화 전략으로 성공한 사례로는 테슬라를 들 수 있다. 테슬라의 모델 S, 3, X에 사용된 영상인식 솔루션은 3개의 카메라를 기반으로 자체 개발하였고 이를 실현하는 자율주행 플랫폼인 HW3.0의 자율주행 제어용 시스템 반도체SoC 반도체 설계까지도 내재화하여 삼성전자에 위탁생산하고 있다. 독일 다임러의 벤츠 역시 자체 개발력을 갖추고서 일부 기능만을 선별 아웃소싱하는 전략을 구사하고 있다. 반면에 폭스바겐그룹은 인수합병을 통한 완전히 새로운 조직인 카리아드를 창설하고 2025년까지 1만 명 이상의 개발 인력 확충을 목표로 하고 있다. 제너럴모터스와 현대자동차그룹은 당분간 모빌아이의 솔루션을 쓰면서 합작사인 크루즈Cruise와 모셔널에 지속적 투자를 강화하여 카메라 이외의 센서들과의 통합을 최적화하는 자율주행 제어용 시스템 반도체를 공동 개발하고 있다.

자율주행뿐만이 아니라 미래차의 여러 신기술이 IT 기술 및 전기·전자 분야와 중복되면서 자원(인력, 장비, 재료, 부품 등) 부족 문제는 커질 것이다. 차량용 반도체 수급 불균형 사태는 이러한 커다란 움직임의 서막에 불과하다. 그런데 부족한 자원을 확보하기 위해 내재화와 협업 내지는 아웃소싱의 길만 찾으면 해결되는 것일까? 사실 그 어떤 것이 되더라도 간과할 수 없는 요소가 조직문화이다.

IT 기술 분야의 최고 회사들이 지향해온 조직문화에는 창의력, 자율성, 민첩성, 유연성, 빠른 소통, 도전적 기술 도입 등이 중심에 자리잡고 있다. 하지만 자동차 산업에서 그동안 견지했던 조직문화는 수직계열화를 중심으로 일사불란하면서 위험 부담을 최소화하는 것이었다. 그만큼 경직된 측면이 강하기에 IT 분야와 상당한 차이가 존재한다. 테슬라의 성공 요인은 자동차 산업의 전통적 조직문화를 과감히 탈피한 데서도 찾을 수 있다.

미래차의 신기술과 신사업을 준비하는 여러 조직에서 해당 자원, 특히 개발인력의 부족을 호소하고 있다. 그러나 이러한 호소 이전에, 과연 자사의 조직문화가 IT 기술 분야에서 쌓아온 조직문화를 수용할 수 있는지를 먼저 점검하여야 한다. 그렇지 못하면 우수 개발인력이 전통적 자동차 산업 강자의 품으로 선회할 리가 만무하기 때문이다. 조직문화, 조직구조, 리더십에 대한 근원적 변화 없이는 미래차의 신기술과 신사업은 IT 기술 사업 강자의 손에 넘어갈 것이다.

최고임원진 회의로
현장의 문제를 해결하라[*]

2018년 4월 6일과 17일에 우리 본부는 LG이노텍 및 LG화학 CTO 부문과 최고임원진회의TMM, Top Management Meeting를 가졌다. 해당 최고임원진회의는 2015년부터 시행되어 상하반기 연 2회 개최되면서 상호 방문을 기본으로 삼고 있다. 초기에는 기술교류회 성격으로 출범하여 이제는 서로 간의 사업적 현안을 포함하여 미래 경쟁력을 기술적, 사업적 관점에서 같이 협의하는 장으로 발전하고 있다. 이러한 최고임원진회의는 비단 두 회사만으로 국한된 것이 아니다. LG전자 내의 CTO 부문, 소재·생산기술원을 비롯하여 상호 협업이 긴요한 분야와 수시로 개최되고 월 1회꼴로 상품기획 담당 부서가

---

[*] 이 글은 LG전자 재직 시 자동차부품VC 사업본부 직원에게 공유한 글이다. 협업에 대한 조직 문화를 촉진하기 위해서는 무엇보다 최고경영층의 솔선수범이 이뤄져야 한다는 것을 전하고 있다. 최고임원진회의를 정례화하고 이를 준비하는 자세를 가다듬자는 의미를 담았다. 협업 문화가 미래를 좌우한다는 측면에서 읽어볼 필요가 있다.

주관이 되어 진행하고 있다.

  이번 양사와의 최고임원진회의는 유난히 생산적이었다고 자평하고 싶다. 해를 거듭할수록 상품기획 담당과 실무진의 노고와 노하우가 반영된 결과일 것이다. 하지만 무엇보다도 의미를 배가할 수 있었던 것은 발제한 어젠다의 충실도와 참여자들의 태도가 과거 어느 때보다 현실적이고 도전적이었기 때문이다. 이제 3년 가까이 지속하면서 성공과 실패 사례가 자연스레 공유되었고 연속 과제의 진척도가 유의미해지면서 교류의 선순환 구조가 자연히 생긴 것이다.

  제일 먼저 어젠다 선정에서 해당 최고임원진회의를 바라보는 참여자들의 시각을 엿볼 수 있었다. 바로 현장에서 우러나온 절박함을 공유하고자 하는 태도였다. 최고임원진회의를 형식적 내지는 피상적 이벤트로 바라보지 않고 진정성을 갖고 현장에서 생생히 고민하는 바를 상호 허심탄회하게 피력하고 협조를 구한다는 것이 참으로 보기 좋았다. 예로서 LG이노텍과의 최고임원진회의 때 우리 회사는 그린사업부 가치혁신 VI 활동 결과를 공유하고 협조를 요청하였다. 이노텍은 공급망 관리SCM 이슈를 가감 없이 제시하면서 자칫 예민할 수 있는 사안에 대해 원활하게 논의하고 협조를 구하였다. 화학 CTO 부문과의 회의 때는 우리 본부가 현장에서 겪는 많은 애로 사항을 전달하고 화학의 전문적 지식을 구하는 태도를 견지하기도 하였다. 모터의 절연지, 바니시Varnish, 중앙 정보 디스플레이CID, Center Information Display용 접착제Glue 대체 소재, 방열 협의체 운영, 무선 배터리 관리 시스템BMS과 같은 예가 바로 현장에서 하루하루 부닥치는 애로 기술인 것이다. 이러한 문제에 부딪힐 때마다 떠오르는 질문이 있다. 차별적 기술력의 정의가 무엇인가? 바로 현장에서 겪는 애로를 돌파하는 것이 핵심 기술력 아닌가?

 이 질문에 답을 내놓으려면 그만큼 대화 상대를 믿고 내가 겪는 현장의 절박함을 피력할 수 있어야 한다. 그래야 현장의 문제를 제대로 풀 수 있다. 이것이 가능해지는 것은 진정한 상호 신뢰가 무르익었을 때다.

 그러나 이러한 솔직함 내지는 약간은 무모함으로 비칠 수 있는 사안을 공유한다는 게 쉬운 일은 아니다. 무릇 회사 생활에서 최고임원진회의라 칭하는 회의에서 이슈 사안을 들춰내는 솔직함을 견지하기란 쉽지 않다. 자칫 상대에게 무례로 비칠 수도 있고 껄끄러운 이슈 사안을 들춰내 경영층의 심기를 불편하게 만들어 회의 분위기를 가라앉게 할 수도 있기 때문이다. 그러다 보면 실무진들은 고위층의 심기를 불편하게 할 사안을 알아서 사전에 봉쇄 차단하고 조금은 생색내기에 급급한 사안을 선정할 때가 비일비재하다. 이러한 우려가 기우가 되고 생산적 회의로 이끌 수 있게 된 것은 아마도 리더들의 포용력과 배려가 힘이 되지 않았을까.

 생산적 회의가 지속되기 위해서는 상대방의 입장을 충분히 이해하고 실행하여 상호 원원win-win의 선순환 고리를 실천하여야 한다. 다시 말해 LG이노텍과 LG화학이 최고임원진회의를 통해 우리에게 협조를 요청한 사안은 반드시 신의를 갖고 수행하여야 할 것이다. 그래야만 최고임원진회의에 참여한 각 사의 리더들이 각자 처한 위치에서 이슈 과제를 우선순위에 두고 해결하려고 몰입하게 된다.

 최고임원진회의가 점차 생산적으로 진화하는 것은 바로 우리 LG인의 심층에 자리 잡고 있는 특유의 협동 정신이 발휘되고 있기 때문이다. 처음 LG그룹에 입사하여 회식 자리에서 흔히 외치던 구호

가 바로 "우리가 남이가!"였다. 이는 경상도 사투리로 LG그룹의 인화
人和 정신 내지는 팀워크를 대변하는 구호였다고 생각되었다. 그런데
정말로 요즘과 같이 융복합이 강조되는 시대에서 다시 한번 새겨볼
'정신적 가치'가 아닐까. 같은 그룹 속에 둥지를 튼 입장에서 상호 격
려하며 윈윈하려는 정신, 그것이 정말로 필요한 시대가 된 것이다.

 공교롭게도 금번 LG이노텍과 LG화학 CTO 부문과의 최고임원진
회의는 공히 LG사이언스파크에서 개최되었다. LG사이언스파크가
지향하는 바를 실행으로 보여준 계기가 되었다. 앞으로도 LG사이언
스파크와 인천캠퍼스에서 이러한 협업의 문화가 창성하기를 기대한
다. 마치 "빨리 가려면 혼자 가고 멀리 가려면 함께 가라."라는 아프
리카 속담처럼 말이다.

4장 스마트한 미래차 전략

비스타 테크데이로
자동차 기술 개발을 이끌다*

2008년 7월 초에 나는 ㈜LG COO에게 미래의 전기차 사업에 대해 나름의 견해를 발표하면서 그룹의 신성장 동력으로 육성 가능할 것이라는 소신을 피력하였다. 돌이켜보면 그때의 발표를 기점으로 LG그룹 자동차부품 사업의 전기가 마련되었다 해도 과언이 아닐 것이다. 물론 그 당시에도 LG그룹의 여러 계열사에서 소규모로 자동차 부품 사업을 수행하고는 있었다. 그러나 지금의 자동차부품 사업본부와 같은 구심점이 없었기에 해당 사업이 그룹에서 차지하는 위상은 매우 미미한 상태였다.

당시 나의 발표를 접하고서 그룹이 취한 결정은 '비스타VISTA 프로

---

* 이 글은 LG전자 재직 시 자동차부품 사업본부 직원에게 공유한 글이다. 미래차 부품 사업을 준비하는 신생 조직으로서 과연 사업과 연구개발을 어떻게 효율적으로 연계하여 적중률이 높은 연구개발을 진행할지에 대한 경영 노하우를 전한다.

젝트'를 범LG(전자, 화학, V-ENS, ㈜LG 등) 측면에서 결정하고 태스크 팀장으로 V-ENS 대표이사였던 나를 선임하면서 미션으로 전기차를 실물 제작하라는 것이었다. 나의 전기차에 대한 발표와 계획이 아무리 그럴듯하여도 당시 전기차는 생소하기 그지없었다. 그룹으로서는 전기차를 직접 제작하여 성능과 여러 가능성을 확인하기 이전에는 그룹의 신성장 동력으로 전기차 관련 사업을 선뜻 결정하기에는 애로가 있었다.

상대편, 특히 고객을 설득하기에 가장 좋은 방법은 바로 실물로 보여주는 것이다. 연구개발 내지는 생산과 소재 기술의 아이디어를 직접 실물로, 소위 엔지니어링 샘플로 제작하여 보여주는 것만큼 효율적인 방법은 없을 것이다. 개발 구상을 보여줄 수 있는 초도 샘플*을 제작하여 고객 내지는 유관 부서와 공유하는 것이 가장 손쉽고 효과적인 소통 방법이기 때문이다. 그래서 "보는 게 믿는 것이다Seeing is Believing."라고 말하지 않는가. 이러한 단순하지만 명확한 진리에 근거하여 우리의 각종 개발 아이디어를 엔지니어링 샘플로 제작하여 주기적으로 발표하는 패러다임을 우리 본부는 설립 초기부터 유지하고 있었다. 그것이 바로 비스타 프로젝트이고 매년 11월 말에 전시하는 행사가 바로 '비스타 테크데이VISTA Tech Day'이다.

비스타 프로젝트는 앞에서 말한 전기차 제작 프로젝트를 시작으로 진화를 거듭하면서 이제는 비스타 5세대를 맞이하고 있다. 우리 사업은 주문자 상표 부착 생산을 대상으로 한 B2B 사업인 관계로 세대별 비스타 프로젝트는 타깃 양산 일정을 설정하여 추진하고 있는데

---

* 본부에서는 영업이 가능한 초도 샘플을 G0 샘플, 즉 그라운드 제로Ground Zero 샘플이라 칭한다. 이를 성능과 패키지를 만족시키는 샘플인 A 샘플과 구분한다.

비스타 진화 과정

약 4~5년 후를 내다보면서 2년마다 비스타 세대가 진화하고 있다. 예를 들어 2017년 초부터 진행하는 비스타 5세대는 2021년 말 제조 양산을 목표로 한 개발을 지칭하고 있다. 그간의 비스타 프로젝트의 진화 과정을 요약하면 〈비스타 진화 과정〉과 같다.

2017년도 어김없이 11월 말에 비스타 프로젝트의 진행 상황을 샘플로 총정리하여 비스타 테크데이를 개최하게 되었다. 비스타 테크데이는 그룹 내부 행사이지만 이제는 비교적 고객 회사에도 꽤 알려졌다. 2017년에는 현대자동차, 일본의 혼다와 다이하츠, 영국의 재규어랜드로버를 비롯한 여러 회사가 참관을 요청할 정도로 체제를 갖추어가고 있다.

나는 엔지니어 출신으로서 굳건히 믿는 소신 중 하나가 바로 개발 초기 단계부터 고객과 소통해야 한다는 것이다. 내가 개발하고자 하는 제품에 대한 가장 의미 있는 피드백은 고객에게서 받는다. 고객과 소통을 얼마나 온전히 하였는지가 성공을 좌우한다. 개발 아이디어

비스타 테크데이와 모터쇼

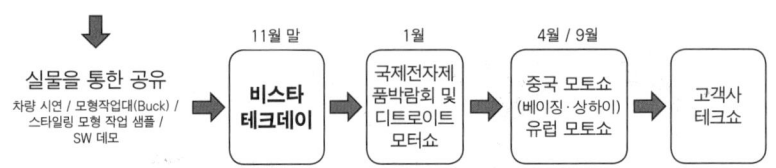

를 엔지니어링 샘플로 제작하여 고객에게 제시하고 이에 대한 피드백을 조기에 확보하는 것이 개발 시행착오를 최소화할 수 있을 뿐만 아니라 고객과 대등한 관계에서 영업을 추진할 수 있다.

특히 자동차 제조사 대상으로 B2B 사업을 하는 처지에서는 고객의 요구를 먼저 파악하여 적기에 샘플로 제시함으로써 제품 콘셉트 개발에서 출시까지 걸리는 '타임 투 마켓TTM, Time to Market' 관점에서 경쟁사를 압도하고 고객을 전략적 파트너로 유도하는 지혜가 필요하다. 니즈는 고객으로부터 발생하지만, 이를 1차부품협력사Tier One 인 우리가 자연스럽게 유도할 수 있다는 믿음과 행동은 우리를 한 차원 높은 1차 부품협력사로 만들 것이다. 만약 이러한 수주 패러다임이 부족하게 되면 우리는 단순히 원자재 성격의 부품을 생산하여 가격으로 승부를 볼 수밖에 없는 그저 그러한 일개 부품사로 전락하게 되는 것이다.

자동차 산업만이 가진 고유의 생태계, 즉 모터쇼를 중심으로 하여 산업의 발전과 미래가 공유되는 생태계에서 우리만의 차별적 가치 제안Value Proposition을 정립하고자 하는 시스템은 바로 〈비스타 테크데이와 모터쇼〉에서 보는 바와 같은 비스타 프로젝트에서 시작된다.

비스타 테크데이 행사는 다가올 새해 1월에 개최되는 국제전자제품박람회와 디트로이트 모터쇼를 능동적이고 주도적으로 맞이하기 위한 우리 자동차부품VC 사업본부의 의식Ritual인 것이다. 비스타를 준비하는 정신, 각오, 희망을 새해 초부터 고객에게 보여줌으로써 한 해를 자신감으로 시작한다. 따라서 비스타 프로젝트를 통한 영업 전개는 기술력과 긴밀히 연결된 수주 전략으로서 차세대 자동차 산업의 변화를 선도하고자 하는 우리의 혼이 담긴 선순환 사이클이다.

선두에 서고자 하는 자는 무언가 달라도 달라야 한다. 우리는 스마트 및 그린 분야의 자동차 부품 산업에서 선도하고자 하기에 남들과 차별화되는 고유 기술 역량을 바로 비스타 테크데이를 통해 내부 고객은 물론 외부 고객과도 한발 앞서 소통하여야 할 것이다.

왜 차원이 다른 품질 정착이
필수여야 하는가*

나는 1981년 대학원을 졸업하고 새한자동차(대우자동차의 전신)에 입사하면서 자동차 산업에 발을 담그게 되었다. 2013년 7월 LG전자에 자동차부품VC 사업본부가 신설됨에 따라 근무하게 되었는데 품질 분야에서 자동차 산업에서는 경험하지 못한 몇 가지 경험을 이 글을 통해 나누고자 한다.

그중의 하나가 자동차 산업에서는 들어보지 못한 용어가 우리 회사의 품질 회의 때 사용되고 있었다. 바로 '에피데믹Epidemic'이라는 용어이다. '널려 퍼져 있는 품질 문제'라는 것이다. 당황한 나는 회사의 품질 규정집을 찾아보았는데 '동일 로트Lot에서 발생하는 동일 원

---

* 이 글은 LG전자 재직 시 자동차부품VC 사업본부 직원에게 '품질 마인드'라는 제목으로 공유한 글이다. 자동차 산업과 전자·IT 산업에서 품질을 바라보는 차이점을 직원에게 전하고자 하였다.

인의 품질 문제'라 정의되어 있었다. 흔히 로트성 불량을 지칭하는 것으로 보인다. 그런데 에피데믹이라는 용어 자체의 의미 때문에 확대하여 해석되어 '널리 퍼져 있는 악성 품질 문제'로 오인될 것이 뻔해 보였다. 아마도 산업의 특성 때문에 책임 문제Liability Issue에 대한 경각심이 다른 측면에서 용인된 것이 아닌가 싶다. 이러한 나의 경험은 글로벌 2차 부품협력사Global Tier Two와 기본구매합의서MPA, Master Purchasing Agreement를 작성하고자 하는 구매 분야에서 그대로 현실로 다가왔다. 당사가 2차 부품협력사인 회사에게 그들이 제공하는 부품에서 발생하는 에피데믹 품질 불량에 대한 보상을 협의하자고 했다. 그랬더니 오히려 2차 부품협력사가 우리 회사에서 쓰는 에피데믹이라는 용어를 자동차 관련 회사와 협의하는 것은 처음이라며 협상에 난색을 보였다. 사실 자동차 산업에서는 기본적으로 에피데믹 이슈를 허용해서도 안 되고 허용할 수도 없다. 아예 용어 사용 자체를 근절하여 여지를 남기지 않는 것이 올바른 품질 경영의 태도이다.

또 다른 경험 중 하나는 품질 불량 요인을 분류하면서 재현이 불가한 원인 미상 불량NTF, No Trouble Found이 상당한 비중을 차지하고 있다는 것이다. 본부를 처음 만들었을 때였다.

"이런 불량이 나오는 이유가 대체 무엇 때문인가요?"

"전자 산업에서는 흔히 있는 일입니다. 소프트웨어의 비중이 높아 점차 그 원인을 밝히기 힘들 때가 많습니다."

정말 이해하고 싶지 않은 황당한 답변이었다. 물론 소프트웨어의 비중이 높아지면서 품질 이슈가 발생될 개연성이 기하급수적으로 증대하는 게 어찌 보면 당연하다. 하드웨어와의 통합 과정에서 복잡도가 더해지기 때문이다. 그렇더라도 이를 품질 불량을 허용하는 일

말의 구실로 삼는다는 것은 품질에 대한 기본 태도가 잘못되었다. 오히려 소프트웨어와 하드웨어가 만나서 이루어지는 통합 시험의 중요성을 강조하고 강화하는 것이 올바른 태도이다. 우리 본부가 품질 경영의 근간으로 삼는 자기완결형 품질 시스템BIQS, Built In Quality System이 말하는 '불량은 받지도 말고, 만들지도 말고, 내보내지도 말아야 한다.'라는 신념을 틈날 때마다 돌이켜 봐야 하는 이유이다.

나는 현장을 방문하여 품질 보고를 접할 때마다 불량에 대한 유형 분류를 유심히 살펴보면서 원인 미상 불량을 어떻게 처리하는지를 살펴보고 해당 현장의 품질 경영 문화와 실력을 가늠하곤 한다. 베트남 공장을 방문했을 때의 일이다. 아무래도 베트남 공장은 신설 공장이라서 현장의 많은 분이 정말로 수고하면서 스마트 사업의 기초를 만들어가고 있다. 베트남 공장이 스마트 사업의 중추가 될 것임에는 이론의 여지가 없어서 조속한 품질 안정화가 절실한 과제로 대두되는 시점에서 시행한 현장 방문이었다. 공정품질을 담당하는 관리자에게 불량 현황을 보고받았다. 나는 여느 때와 같이 원인 미상 불량 근절을 지시하였다. 지금도 기억하는 재현이 불가한 원인 미상 불량 중 하나가 바로 GM사 제품 바이옴2BYOM2의 전원 무감 후 배터리 방전 이슈에 대한 보고에서의 '캔CAN, Controller area network 트랜시버와 캔버스 슬립CAN-BUS Sleep 간 미스매칭'이었다. 이러한 지시에 실무팀장과 주고받은 내용은 다음과 같다.

"본부장님, 약 4개월에 걸쳐서 캔CAN 트랜시버와 캔-버스 슬립CAN-BUS Sleep 간 미스매칭의 근본 원인을 찾는 활동에 개발, 검증, GMSO 인원이 투입되어 코드 리뷰 및 자동화, 수동 재현 테스트를 진행하였음에도 단서를 찾지 못하였습니다. (중략) 현재 해결책이 반영된 IP35가 생산되는 7월 이후에는 본건은 더 이상 발생되지 않으리라 예상되며 그 이전까지 지속적인 모니터링을 통해 근본 원인을 찾는 노력을 지속하겠습니다."

"당사의 10대 품질 지침을 숙지 바랍니다. 특히 7번째 지침 '재현되지 않는 불량은 크리티컬 불량으로 정의하고 반드시 개선한다'를 명심해야 합니다."

그 이후에 실무팀장은 "본부장님, 캔 트랜스시버와 캔 버스 슬립 상태의 미스매칭의 근본 원인을 찾기 위한 활동을 전개한 결과 (중략) 공장 스크리닝 활동 기간 동안 동일 이슈가 발생하지 않았음을 독일 고객지원팀으로부터 리포트로 받았습니다. 이에 완료 보고드립니다."라고 일의 결과를 알려왔다.

원인 미상 불량 비율은 그 회사의 품질 문제 개선 역량을 나타낸다. 회사 품질 강령의 7번째로 기술된 바와 같이 재현이 불가한 품질 불량은 중요 품질 이슈로 등재하고 반드시 해결하고 나서 고객에게 인도하여야 한다. 이렇듯 원인 미상 불량 품질 문제를 바라보는 태도를 바꾸지 않는다면 '무결점'을 지향하는 품질 경영은 요원할 수밖에 없다.

원인 미상 불량 말고도 자기완결형 품질 시스템이 정착되지 않은 데 따른 예는 제조 공정에서도 간혹 찾아볼 수 있다. 바로 백업Back Up 공정 내지는 백업 라인이다. 백업 공정을 갖는다는 것은 바로 불량을 생산하고 넘길 수 있다는 의미이다. 확대 해석하면 품질보다는 제조에 급급하여 밀어내기식 생산을 지향한다는 뜻일 수 있다. 불량은 받지도 말고, 만들지도 말며, 넘기지도 말아야 한다. 불량이 생길 수 있다고 판단되면 미연에 방지하는 예방 품질을 고안하여 불량을 근절하는 게 마땅하다. 혹시나 불량이 발생하면 즉시 설비를 멈추고 원인을 밝혀낸 다음에 양품으로 생산을 재개하여야 한다. 어떠한 일이 있어도 불량을 다음 공정, 즉 내 공정의 고객인 다음 공정에 보내지 말아야 한다. 백업 공정을 불허하는 태도, 나아가서는 백업 공정 자체를 낭비로 바라보는 태도가 바로 참다운 '품질 안돈Andon 시스템'의 근간이다.

 품질은 경영이다. 품질은 경영진과 전 임직원의 시각에서부터 시작하여 이를 펼쳐나가는 회사 전반의 문화로서 열매를 맺는다. 품질을 최우선시해야 한다는 다짐을 바탕으로 '품질 우선주의Quality Priority'가 자동차부품 사업본부의 행동 강령의 첫 번째로 자리 잡고 있다.

자동차에서 기능안전은 절대 타협할 수 없다*

예전 근무 때 책상 위에 자그마한 책자 하나가 놓여 있었다. 책 제목은 바로 『알기 쉬운 (그린) 기능안전 이야기』였고 저자는 자동차부품 사업본부 직원이다. 이 책을 보고 있으니 오랜만에 가슴 뿌듯한 느낌이 전해졌다. 언제부터인가 회사 게시판에 기능안전에 관한 내용이 이야기 형식으로 게재되기에 대견스레 지켜보았다. 그 글들이 어느덧 24편의 관련 이야기로 엮어져 예쁜 소책자로 발간되었다. 현장의 생생한 체험과 메시지를 담은 책은 형식도 멋지고 내용도 알차서 맛깔난 결과물로 만들어졌다.

나는 자동차 산업에서 오랜 세월 일하면서 이렇게 회사에서 발간한 책자를 몇 권 갖고 있다. 그중에서도 지금까지 소중히 간직하고

---

* 이 글은 LG전자 재직 시 자동차부품 사업본부 직원에게 '기능안전 이야기'라는 제목으로 공유한 글이다. 자동차 산업에서 안전은 설계 초기부터 완벽히 확보되어야 함을 전하고자 하였다.

간혹 참고하는 책자 중 하나가 독일 기업 보쉬에서 발간한 자동차 용어집이다. 자동차 산업에서 사용하는 모든 용어를 집대성하여 주기적으로 발행하는 해당 책자는 아마도 업계에서는 알아주는 업계 표준 용어집처럼 대우받을 것이다. 이번에 발간된 『알기 쉬운 (그린) 기능안전 이야기』는 다소 소박한 면을 갖고 있으나 정말 소중한 책자이다. 독자의 입장을 고려하여 알기 쉬운 용어와 예시로 전문적인 내용을 풀어나가는 형식은 초기 의도 자체가 고객 지향적인 기획의 산물이라 생각한다. 아마도 내가 이 업계에서 종사하는 한 책꽂이의 중요한 부분에 늘 자리 잡고 있을 것이다.

기능안전은 자동차 산업의 특수성을 대변하는 중요한 개념이며 정책이자 철학이다. 자동차 산업은 어떠한 상황에서라도(설혹 기능이 정상 동작하지 않더라도) 위험을 미리 분석하고 안전을 확보하는 기능을 갖추어야 한다는 신념이 있어야 한다. 2009년 초에 전기자동차와 관련하여 제너럴모터스를 찾아갔을 때다. 그들에게 열성을 다해 전기차에 대한 엔지니어링 노하우를 설파하고 기술 영업을 수행하고서 일괄수주키Turnkey성 엔지니어링 프로젝트(G20 정상회의 행사용 전기차 제작 프로젝트)를 수주하여 프로젝트를 진행하면서 제너럴모터스가 가장 많이 우려를 전달했던 게 바로 전기차와 관련한 제동장치에 대한 기능안전이었다.

전기차는 구동 초기부터 최대 토크가 발생하므로 급가속의 가능성이 커진다. 이 때문에 제동 관련 우려 사항이 심각하게 제기되었다. 혹시라도 제동장치가 제대로 작동하지 않더라도 '기능안전 측면'에서 안전이 보장되어야 한다. "만약에 ○○이 작동하지 않으면"이라는 질문을 수없이 받아야 했다. 그리고 그에 대한 항목을 정의하고 위험

분석과 평가HARA, Hazard Analysis & Risk Assessment를 수행하느라 실무진과 머리를 싸매야 했다. 사실 그 과정은 매우 고통스러웠다. 이렇게까지 고려해야 하는지 여러 번 생각하기도 했다. 그러나 끝까지 요구사항을 풀어내고 '기능안전 측면'에서 고객에게 인정을 받고 나니 한 단계 업그레이드가 된 나와 조직의 모습을 경험할 수 있었다.

자동차 산업에서 진정한 리더가 되기 위해서는 기능안전은 피해갈 수 없는 외통수이다. "피할 수 없으면 즐겨라."라는 격언이 있듯이 이를 진정으로 즐기기 위해서는 올바른 이해가 선행되어야 한다.『알기 쉬운 (그린) 기능안전 이야기』를 발간한 VC그린기능안전파트의 성과는 그래서 작지 않다.

장기적인 안목에서
인재를 육성해야 한다*

　직장생활을 시작하면서부터 평생 자동차 산업과 연을 맺고 있는데 그중 도요타자동차에 대한 존경심과 경외심은 날이 갈수록 깊어만 가는 것 같다. 도요타의 품질에 대한 완벽주의적 사상, 혁신을 생활화해 나가는 생산방식, 협력사 덴소와의 건전한 긴장감 속 동반성장 등 본받아야 할 게 한둘이 아니다. 도요타자동차의 차별화된 경쟁력은 이미 여러 매체를 통해 잘 알려져 있다. 그러나 나는 외부로 알려진 것보다는 그들의 직원 육성을 바라보는 시각을 유심히 관찰하면서 존경심을 키워가게 되었다.
　혹시 '도요타공업대학'에 대해 들어본 적이 있는가? 해당 대학은

---

* 이 글은 LG전자 재직 시 자동차부품VC 사업본부 직원에게 공유한 글이다. 미래차 사업의 경쟁력은 어느 때보다 인재에 의존하고 있다. 과연 인재에 대한 육성책은 자동차 산업에서 어떠한지를 도요타와 제너럴모터스를 통해 살펴보았다. 긴 호흡을 가진 산업인 만큼 인재에 대한 관점과 육성 전략도 장기적인 관점에서 되새겨볼 필요가 있음을 전하고 있다.

도요타자동차가 현장에서 통하는 기술자를 육성한다는 취지를 갖고 1981년 일본 아이치현 나고야시에 세운 사립대학이다. 불과 500명이 채 안 되는 학부와 대학원생을 가진 소규모 대학이다. 하지만 기계, 전자, 재료공학 과목을 가르치면서 학과는 단 하나 '첨단기초공학과'만을 유지하면서 일찍부터 융복합 엔지니어를 양성하고 있다. 장학금 수혜 비율이 50퍼센트를 상회하고 교수 한 명이 맡는 학생 수가 8.5명이 안 되는 그야말로 학생 중심의 대학이다. 도요타자동차는 산업 현장에서 필요로 하는 인재를 스스로 키워야 한다는 사상을 일찍이 실천하고 지속해서 유지한다는 측면에서 정말 대단한 회사인 게 분명하다.

자동차 제조사가 창설한 대학은 비단 도요타공업대학만이 아니다. 제너럴모터스도 과거 1926년에 미시간주 플린트시의 플린트공과대학Flint Institute of Technology을 매입하여 1932년에 'GM공과대학GM Institute of Technology으로 개명하고 이를 기계공학 최고의 대학으로 육성한 바 있다. 한국GM의 전신인 대우자동차에서는 글로벌 인재 육성을 위하여 근무 실적이 우수한 직원 중 사내에서 치열한 선발을 거쳐 해당 대학에 교육 파견을 하는 제도가 있었다. 꿈의 교육 연수 프로그램으로 인식되곤 하였다. 그러나 1998년 리먼브러더스 사태로 초래된 금융위기는 제너럴모터스를 파산으로 내몰고 말았다. 이에 견디다 못한 제너럴모터스는 결국 GM공과대학을 매각 처분하였다. 해당 대학은 케터링대학교Kettering University로 개명하고 자동차 중심의 학과 편성에서 벗어나 일반 대학으로 개편하면서 더 이상 제너럴모터스와는 무관한 대학이 되어버렸다.

그러나 자동차 산업의 위기, 아니 나아가서는 1997년 IMF 외환위기나 2008년 리먼브러더스 위기와 같은 글로벌 경제 위기에도 도요타자동차는 도요타공업대학을 포기하지 않았다. 오히려 해당 대학을 통해서 도요타 정신으로 무장한 첨단 엔지니어를 지속해서 육성하였다. 일례로 학생 한 명에게 지출되는 돈이 국립대의 2배 이상, 사립대의 4배 이상이었다고 한다. 이는 도요타가 인재 육성에 심혈을 쏟아붓는다는 것을 증명하고 있다. 장기적인 안목으로 인재를 키운다는 도요타 정신이 명문대인 도쿄대학교 출신의 엔지니어가 경영진에 대거 포진한 닛산자동차를 이길 수 있는 경쟁력이 아닐까.

도요타자동차의 인재 육성 철학은 비단 도요타공업대학에 국한된 것이 아니다. 그들은 글로벌 시대에서도 세계 최고의 생산방식과 품질 수준을 실현하기 위해 일찍이 2003년 도요타시에 글로벌생산추진센터GPC를 설립하고 세계 50여 개의 도요타 공장에 마치 선행교육을 하듯 기술력을 전파하고 학습시켰다. 도요타 공장이 세계 어느 곳에 있든지 그들이 자부하는 세계 최고 방식의 생산기술과 품질경영 노하우로 무장되도록 체계적으로 훈련한다. 도요타자동차는 글로벌화 속도보다도 더욱 빠르고 민첩하게 인재를 육성하고 있다.

나는 평생을 자동차 산업에서 종사하는 경영자로서 도요타자동차를 흠모하고 부러워하면서 취한 정책 중 하나가 바로 인재 육성을 우선시하는 것이다. 기회 있을 때마다 인재 육성의 중요성을 설파하고 있다. 인재 육성을 가장 효율적으로 실천하는 것은 현업 중심의 체계적 육성, 바로 교육이다. 도요타공업대학과 같은 거창한 장을 펼칠 수는 없더라도, 자동차부품 사업의 전문 역량을 확보하기 위해 스스로의 요구 사항을 반영한 교과와 교재를 만들 수는 있지 않을까. 물론 이 길은 매우 도전적이고 조금은 아둔해 보이는 우직함과 성실

함을 요구한다. 준비된 엘리트를 외부에서 영입하여 빠르게 변화하는 세상에 기동력 있게 대처해야 하는 것 아닌가 하는 의문과 반론이 만만치 않다는 것도 잘 알고 있다. 특히 노동시장의 균형이 수요자 중심으로 편중된 상황에서 교육은 잘못된 발상이라는 지적도 만만치 않을 것이다.

현장에서도 반발이 일어날 수도 있다. 현업에 일이 산더미같이 쌓여 있고 조금이라도 비용을 절감하며 개발과 생산을 추진해야 하는 마당에 한가하게 교육에 우수 인재를 방치해서야 되겠냐는 비아냥이 들리는 듯하다. 그러나 분명한 것은 우리가 원하는 시기에 원하는 인재는 외부 수혈로 해결하기란 거의 불가능할 뿐더러 그 비용도 만만치 않다는 것이다. 나는 오랜 경험을 통해 자동차 산업은 호흡이 길고 조금은 우직한 듯한 행보가 종국에는 승리하는 것을 많이 보아 왔다. 아마도 이러한 자동차 산업의 특이한 매력이 나를 사로잡았는지도 모르겠다. 나는 육성과 교육이 가장 올바른 인재 확보책이고 나아가서는 회사에 대한 충성심을 배양하는 지름길이라 생각한다.

지난 3월 7일과 9일에 인천캠퍼스와 마곡 사이언스파크에서 본부 자동차부품 칼리지College 구축을 선포하는 출범식을 가졌다. 우리 본부의 구성원들이 평상시 조직이라는 틀을 깨고 본인이 필요한 교육을 스스로 발굴하며 정의하는 자율적인 참여의 방향을 갖고서 출범하였다. 외형적으로는 대학처럼 스마트 학부와 그린 학부로 나누고 13개 학과로 구성하여 운영될 것이다. 나는 출범식 축사에서 다음과 같이 언급하였다.

"고객과 시장이 필요로 하는 기술을 우리 스스로가 발굴하고 정의하여야 하겠으나 이를 내부 역량만으로 대응하기에는 한계가 있을 테니 학계나 특히 우리 주변의 세계적인 솔루션 툴 메이커Solution Tool Maker의 도움을 받아 보완하여 진행하기 바랍니다. (중략) 구성원을 육성하는 리더가 진정한 리더입니다. 본부가 구성원을 지속해서 육성하고 케어하여 구성원들이 성장감을 느낄 수 있도록 해야 합니다."

직장에서 회사와 개인이 같이 성장한다는 것이야말로 가장 이상적인 형태가 아니겠는가. 나는 이 글을 읽고 있는 리더들에게 질의하고 싶다. 여러분은 조직원의 성장을 위해 무엇을 실천하고 있는가? 나아가서는 가정에서 가장의 자리에 있는 직원들에게 질의하고 싶다. 여러분 자녀의 성장과 성공을 위해 무엇을 하고 있는가? 이 순간 우리 모두 "명문가를 만들고 싶으면 유산을 남기기보다 자녀 교육에 투자하라."라는 격언을 마음 깊이 새기기를 바란다.

불필요한 과정을 없애는 것이 혁신이다*

나는 1993년에 대우자동차 차량시작실 실장으로 일했다. 시작차 prototype vehicle를 제작하는 공장의 공장장을 역임한 것이다. 차량시작실은 시험용 차량, 즉 시작차를 소량 생산하여 시험 부서에 인도하는 역할을 했다. 차량 제작은 원래 프레스, 차체 용접, 도장 및 의장 라인으로 구성되어 있다. 소규모로 자체 제작하는 설비를 갖추고서 개발과 시험을 지원하는 임무를 수행하는 곳이다. 내가 오늘날까지 자동차 산업에 종사할 수 있었던 것은 차량시작실에서의 경험이 기반이 되지 않았나 생각한다. 비록 소규모이지만 차량 제작의 모든 공정을 갖추고 있어 생산 프로세스를 이해할 수 있었고 생산에 영향을 미치는 제반 프로세스에 대한 경험적 자산을 갖게 되었다.

---

* 이 글은 LG전자 재직 시 자동차부품 사업본부 직원에게 '무시작차 매뉴팩처링Prototype-less Manufacturing'이라는 제목으로 공유한 글이다.

시작차는 소규모로 생산하기에 일반적으로 대당 제작 가격이 양산 차량의 5~10배 정도로 고가의 비용이 소요된다. 개발 일정상에도 주 공정Critical Path을 점하는 중요 활동이다. 제작된 시작차를 대상으로 중요 시험을 진행하는데 만일 설계 의도와 다른 시험 결과가 나오면 다시 제작해야 해서 일정과 비용에 엄청난 낭비가 발생하게 된다. 그런 일이 생기지 않도록 설계 앞 단계에서 컴퓨터를 이용한 시뮬레이션(CAD·CAM·CAE)을 강화하고 그 결과와 실제 시험 결과의 상관관계를 높이기 위해 각종 노력을 기울였다.

이제는 이러한 시뮬레이션 기법이 상당한 수준에 도달하였다. 전체 차량의 기본 구조를 총체적으로 바꾸는 신차 프로그램을 제외하고 대부분의 메이저와 마이너 차량 프로그램에서는 시뮬레이션을 통해 시험 결과를 확인하여 시작차 제작 과정을 생략하거나 매우 단순화하는 게 일반화되고 있다. 사실 과거 내가 V-ENS에 재직하던 시절의 주요 엔지니어링 컨설팅 사업이 이러한 무시작차prototype-less 개발과 기법을 지향한 사업 추진이었다. 참고로 V-ENS가 진행한 말레이시아와 일본 프로젝트 대다수는 무시작차 개발이었다. 고객의 개발 인력, 비용, 나아가서는 일정을 대폭 줄이는 데 크게 이바지하였다. 아이러니하게도 차량시작실 실장을 지낸 내가 시작차를 없애는 사업 개발에 선봉에 선 것이다. 아마도 시작차 제작에 따른 여러 부정적인 요소를 그 누구보다도 잘 알았기 때문일 것이다.

여전히 우리 주변에 시작과 관련한 여러 용어가 존재한다. 시작(시험용) 부품을 검증용 목적에 따라 구분해 A, B, C 샘플이라 칭하고 있다. 모두가 알고 있듯이 A 샘플은 기본 성능을 만족하는 시작부품(CV 용도), B 샘플은 신뢰성을 만족하는 시작부품(DV 용도), C 샘플은 양산 공정에서 나온 사작부품(PV 용도)을 지칭한다. 모두 시작부품이다. 이렇듯 다양한 샘플이 만들어지는 상황과 관련하여 과거에 내가 차량에 시도하였던 경험에 근거해 새로운 제안을 하고자 한다. 시뮬레이션 기법을 적극적으로 활용하여 시작 샘플 제작 과정을 생략하거나 대폭 줄일 수는 없는지가 그것이다.

자동차 산업 대부분의 설계는 회로설계, 기구설계, 소프트웨어 설계, 전자파 간섭EMI 및 전자파 적합성EMC 설계 등으로 구별할 수 있을 것이다. 각각에 대한 설계도를 세분하면 매우 복잡하다. 하지만 꼭 불가능한 일은 아니다. 물론 시간은 걸리지만 부단히 시뮬레이션 결과치와 시험 결과치의 상관관계를 분석하고 데이터베이스로 만드는 작업을 진행하면 된다. 더욱이 최근의 인공지능 발달은 이러한 과정을 단기간으로 축소하는 데 일조할 게 분명하다.

개선은 없애고자 하는 데서 출발하는 것이다. 일례로 제조 공정을 설계할 때 도요타의 개선 사고방식의 핵심은 검사 과정을 없애는 것이다. 그들은 이러한 질문을 던지고 있다. 왜 생산공정에서 검사가 필요한가? 만일 자신의 공정에서 완벽하게 철저히 만들었다면 다음 공정에서 왜 검사를 하여야 하는가? 만일 우리 제품이 최종 고객에 인도되어 양품인지 불량품인지 검사를 하여야 한다면 말이 되겠는가?

이러한 도요타의 개선 사고방식은 우리에게도 시사점을 던진다. 가령 우리 시작 부품 제작 과정에도 적용해보면 어떠할까? 왜 시작 부품을 만들어야 하는가? 내가 설계하고 개발한 제품을 시험하기 위한 것이다. 그런데 과연 시험이라는 과정을 꼭 제품을 만들어서 해야 하는가? 컴퓨터 모델링과 해석 기법을 통해서 충분히 시험할 수는 없을까? 더군다나 컴퓨터 시뮬레이션은 여러 매개변숫값을 수시로 변경해가면서 조기에 빠르게 여러 번 최적의 시험계획법을 이용해 수행할 수 있기에 시행착오를 획기적으로 줄일 수 있는 강건설계가 가능하게 되는 것 아닌가? 등등 개선을 위한 다양한 질문을 떠올릴 수 있다. 또한 개발 가치혁신 VI 활동에서 컴퓨터 시뮬레이션을 활용함으로써(예를 들어 회로설계에 있어 다양한 회로해석 솔루션을 활용해) 오버 스펙으로 된 부분을 다운그레이드하여 달성할 수 없는지와 같은 '없애고자 하는 데서 출발하는' 개선의 질문도 던져보는 것이다.

시작부품을 이용하여 검증을 진행하는 CV, DV, PV를 시뮬레이션으로 당장 대체하기는 어려울 것이다. 다만, CV, DV, PV 차수와 이에 필요한 자원(일정, 비용, 인력, 장비 등)을 대폭 줄이기 위해서는 컴퓨터 시뮬레이션이 상당한 역할을 감당할 수 있다. 이러한 방향으로 꾸준히 추진하면 우리의 경험과 데이터가 체계적으로 쌓여나갈 것이기에 검증을 바라보는 우리의 자세와 정책을 재점검할 필요가 있다. 결국 우리가 지금부터 힘을 합치고 지혜를 모아 나아갈 지향점은 컴퓨터 시뮬레이션 기술을 통해 설계 스펙을 만족하는지를 확인하는 '타당성 검증Validation'을 우선으로 수행하고 나서 개발 단계별로 요구 사항이 제대로 반영되었는지를 '검증Verification'하는 것으로서 CV, DV, PV를 바라보아야 한다.

시작 부품 제작 과정을 통해 유의성을 가늠하려는 시도보다는 시작부품을 통해 단지 확인 점검한다는 자세와 절차가 곧 경쟁력이다. 마치 도요타가 제조 공정에서 검사 공정을 제거하기 위해 부단히 노력하듯이 우리 개발 과정에서도 시작 부품 제작을 통한 스펙 만족 여부를 확인하려는 과정을 제거하도록 계속해서 노력해야 할 것이다.

미니멀리즘을 적용해
혁신을 하자*

　스티브 잡스에 의해 촉발된 IT 기기의 혁명은 디자인 미니멀리즘 Design Minimalism에 그 뿌리를 두고 있다. 미니멀리즘이란 사조는 현대 건축의 거장 미스 반 데어 로에Mies van der Rohe의 "적을수록 좋다Less is More."라는 철학에서 시작되었다. 핵심만 남기고 불필요한 요소를 제거하는 예술의 한 트렌드를 지칭한다. 이러한 경향은 소프트웨어의 비약적 발전과 이를 구현 가능하게 하는 많은 IT 기기(예를 들면 터치스크린 등)의 뒷받침 덕분에 감지 및 구동Sensing&Actuation 기능이 단순화되면서 가능해졌다. 지금 우리가 접하고 있는 스마트기기들 대부분은 이러한 경향에 따라 디자인되고 있다. 특별히 사용자 경험UX

---

* 이 글은 V-ENS 직원들과 공유한 글이다. 이 책의 글 중에 가장 오래전 글이지만 지금도 유효하다고 생각한다. 특히 바로 전 글 '없애는 시도가 활발한 혁신 활동'이라는 글과 맥을 같이 하면서 스마트카의 방향성을 함축하고 있다.

스티브 잡스가 죽기 직전까지 디자인 작업에 참여했던 요트 비너스. 단순하고 간결한 미니멀리즘이 특징이다.

설계의 효율화로 인간의 직관적 인지에 따라 작동하면서 복잡한 기기의 기능이 단순 명료해지는 진정한 고객 만족을 전하고 있다. 고객의 입장에서 보면 매우 단순하면서도 핵심적인 요소로 제품을 대하게 되고 나머지 대부분의 인간-기계 인터페이스는 소프트웨어가 고객의 상식에 맞게끔 인도하여 주니 그야말로 고객이 중심이 되는 것을 확실히 느끼게 되는 것이다. 예를 들어 스마트 TV는 TV의 가장 중요한 기능인 화면을 최대한 선명하고 크게 디자인하고 각종 여타 기능은 리모컨과 화면에 나타나는 메뉴로 집약하는 것이다.

미니멀리즘 트렌드는 단지 디자인 분야만이 아니라 여타 분야에도 지대한 영향을 미치고 있다. 짐마일로의 이기원 대표가 쓴 『운동 미니멀리즘』이란 책을 읽은 적이 있다. 최소한의 운동으로 최적의 몸을 만든다는 내용이다. 몸을 만들기 위해서도 목적에 맞게끔 핵심적인 부분에 집중한 운동을 하고 불필요하며 비효율적인 운동을 제거하는 방법론을 전하고 있다. 예를 들어 다이어트를 위해 효과적으로 지방을 제거하는 방법으로는 공복에 심장에 부담을 주는 유산소 운동을 하는 것이 가장 효과적이라는 것이다. 그리고 근육을 단련하면서도 날씬한 몸매를 원한다면 탄수화물과 단백질을 소비하면서 근육을 단련하는 웨이트 트레이닝을 하고 나서 지방을 태우는 유산소 운동을 하고 마지막으로 스트레칭으로 근육의 유연성을 증대해야 한다는 운동의 순서도 제시하고 있다. 이 모두가 운동할 시간이 여의치 않은 현대인을 위하여 미니멀리즘에 기초한 운동학을 소개한 것이다.

차량 개발에서도 미니멀리즘을 적용하여 혁신을 추구하면 어떨까 생각해보았다. 사실 혁신을 이루기 위해서는 기존의 것을 점진적으로 개선하는 방법보다는 근본을 바꾸는 방법이 옳을 때가 많다. 그런데 근본을 바꾸는 가장 손쉬운 방법의 하나가 '삭제Elimination'이다. 그럼 차량 개발의 혁신을 위해 다음과 같은 질문을 던져보자. 첫째, 차량 실내의 모든 스위치를 없앨 수는 없는가? 둘째, 차량에 달린 거울을 없앨 수는 없는가? 셋째, 차량 도어의 핸들을 없앨 수는 없는가? 황당한 질문 같아 보이지만 불가능한 것만은 아니다. 스위치를 없애기 위해서는 스마트폰과 같이 터치스크린을 활용할 수도 있겠고 음성 내지는 제스처 인식도 가능할 것이다. 거울은 카메라와 LCD 스크린 사용으로 제거할 수 있다. 이때는 오히려 영상인식 기능을 추가해서 거울보다 많은 정보를 고객에게 전달할 수 있을 것이다. 도어의 핸들 삭제는 이미 많은 건물에서 적용되는 오토 도어 시스템을 참고하면 아이디어가 구체화될 수도 있다. 이러한 아이디어를 자동차에 적용하기 위해서는 법적 이슈Liability Issue를 근본적으로 차단하는 고장 안전Fail-safe 분석을 비롯하여 성능, 품질, 신뢰성을 담보하는 커다란 장벽을 넘어야 할 것이다.

미니멀리즘 트렌드는 우리가 눈여겨봐야 할 분야다. 다만 유의할 것은 미니멀리즘에 기초한 설계와 전개가 진정으로 고객을 중심에 두어야 한다는 것이다. 최근 자동차 산업에서도 스마트카에 대한 많은 논의가 있다. 우리 회사에서도 스마트카를 중요한 전략 전개의 한 축으로 삼고 있으니 미니멀리즘을 좀 더 깊게 이해하고 분석하여 미니멀리즘이 총체적으로 반영된 스마트카를 기획하면 어떨까 상상해본다. 발상의 전환에서 오는 이러한 엉뚱한 시도야말로 스마트카 시대의 조속한 도래를 기대하는 고객의 진정한 요구가 아닐까. 변화의 변곡점에서 스스로 정의하고 리드해 나아가는 창의적 시도를 통해 스마트폰이 일으켰던 광풍의 혁신이 자동차와 관련 부품 산업에서 우리 회사의 주도로 일어나기를 기대한다.

왜 도면이 없는데 검토해야 하는가[*]

최근에 우리 회사는 제너럴모터스와 순수 전기차 볼트의 후속 차량 개발에 대한 협의를 시작하였다. 통칭 '젠3 배터리 전기차Gen3 BEV'라 칭하고 협의를 진행하는 중이다. 그런데 이 과정에서 주목할 만한 것이 있다. 바로 제너럴모터스가 우리 회사에 요청한 협업에 대한 태도 내지는 절차이다. 해당 프로젝트는 개발 초기 상태로 우리 회사의 개발 기준에 따르면 설계의향서 작성 내지는 CV를 시작하는 단계라 보면 될 것이다. 그런데 제너럴모터스는 1차 부품협력사Tier One인 우리 회사를 중요한 부품을 공급하는 동반자 파트너사로 대하면서 진정한 동시병행설계CE, Concurrent Engineering가 무엇인지를 확실히 보여주고 있다.

---

[*] 이 글은 LG전자 재직 시 자동차부품 사업본부 직원들에게 '동시병행설계Concurrent Engineering'라는 제목으로 공유한 글이다.

일례로 제너럴모터스가 요청한 활동은 모터에 대해 그들이 고려하는 설계 구상을 구현하는 후속공정, 특히 생산기술과 관련한 30여 개의 상세한 질의서를 공식적으로 전해왔다. 동시에 디트로이트에서 약 30~40여 명의 제너럴모터스 엔지니어와 구매 담당자가 우리 회사의 생산 및 구매 전문가와의 대면 미팅을 요청하였다. 우리 회사가 볼트를 생산할 때 경험하였던 생산과 구매상의 기술 경험을 듣고 논의하는 시간을 가지자는 것이다. 아직 도면도 없고 단지 설계 구상에 해당하는 매우 초창기 때 아이디어가 논의되는 판국에 후공정상의 애로 사항, 즉 중요 전략적 파트너사인 우리 회사의 의견을 청취하여 도면에 반영하고자 하였다. 이것이 바로 동시병행 설계CE의 진수이다. 동시병행 설계는 올바른 도면을 그리기 위한 사전 작업이다.

동시병행 설계를 논할 때 가장 당황스러운 질의가 있다.

"도면이 없는데 어떻게 동시병행설계를 진행합니까?"

물론 도면이 있으면 이를 갖고 더욱 손쉽게 이슈를 제기할 수 있다. 그러나 더욱 바람직한 모습은 '도면을 함께 그린다는 자세로 사전에 여러 애로 사항을 반영'하는 것이다. 후공정(품질, 생산, 구매 등)을 담당하는 분들이 설계구상서에 근거하여 제대로 된 레이아웃 도면이 나올 수 있도록 사전 논의하는 것이 바로 동시병행설계이다.

두 번째로 나를 당황하게 하는 질의가 있다.

"저희는 아직 경험이 일천한데 설계자에게 조언할 만한 아이디어가 있겠습니까?"

새로 접하는 제품에 대해서 설계구상서를 작성하거나 준비하는 설계자에 비해 이해도와 경험이 부족할 때가 대부분이다. 그러나 생각해보자. 비록 지식이나 경험이 짧다고 하여도 최소한 라인이나 구매 현장에서 그동안 경험한 내용을 점검하여 같은 이슈가 재발하지 않게끔 하는 활동은 할 수 있지 않을까? 우리가 경험하는 품질 문제가 대부분 지식 부족으로 발생하는 것이 아니라 사전 점검이 부족하여 종국에는 만성 내지는 악성 품질 문제가 된다는 것이다.

세 번째로 동시병행설계 참여 담당자에게 흔히 듣는 지적 내용은 다음과 같다.

"설계자가 초기에 후공정의 참여를 원하지 않는 것 같습니다."

우수한 자는 투명하고 못난 자는 가릴 곳이 많은 법이다. 개발 초기에 설계 구상 설명회를 제도화하여 이러한 우려를 불식하는 것도 방법이다. 중요한 것은 동시병행설계가 바로 개발자의 제품생애주기 PLC, Product Life Cycle상에 발생 가능한 부하를 최소화하는 것이다. 또한 조직의 피로도를 되도록 줄이는 방법이다. 후공정에서 발생 가능한 이슈를 미리 숙의하여 도면에 반영하면서 근절하는 것이야말로 기획된 제품 개발의 품질, 비용, 납기QCD, Quality·Cost·Delivery Timing를 만족시키는 첩경이라는 것이 수많은 프로젝트를 통해 증명되었다. 그랬기에 동시병행설계가 강조되는 것이다.

미래차 기술을 반영하는
디자인을 추구하라*

　1994년 대우자동차 재직 시절의 일이다. 이제 갓 레간자 차량의 프로그램 매니저 직책을 맡게 됐을 때다. 제일 먼저 수행할 중요한 업무 중 하나가 차량의 스타일을 결정하는 일이었다. 중형차로서 쟁쟁한 경쟁 차량인 현대자동차의 소나타는 물론 도요타의 캠리와 폭스바겐의 파사트 등과 어깨를 맞대고 경쟁할 차량을 개발하기 위해서는 무엇보다 남다른 디자인이 필요하다고 판단했다. 곧바로 세계적인 차량 디자인의 거장 조르제토 주지아로Giorgetto Giugiaro와 협의를 시작하기로 했다.

　나는 업무 협의를 위해 개발하고자 하는 차량의 패키지 도면을 들고 해외 출장을 갔다. 그런데 출장 일정 초기에 자동차 회사의 전시

---

* 이 글은 LG전자 재직 시 자동차부품 사업본부 직원들에게 '디자인이 기술을 만날 때'라는 제목으로 공유한 글이다.

조르제토 주지아로(오른쪽 두 번째)는 20세기를 대표하는 최고의 차량 디자이너로서 이탈리아 토리노에 위치한 이탈디자인사의 CEO로 활동했다.

실 투어 관람 중에 한 차량이 내 시선을 온통 사로잡았다. 바로 켄싱턴Kensington이라는 이름의 스타일 목업 차량이었다. 해당 모델은 사실 영국의 재규어를 타깃으로 주지아로가 제작한 모델로 1990년 제네바 모터쇼에서 최고 디자인상을 받은 작품이었다. 그런데 웬일인지 재규어는 주지아로가 디자인한 해당 차량의 양산 제안을 거부하였다. 나는 곧바로 주지아로에게 해당 모델에 기반한 차량 디자인이 가능한지를 문의하였다. 다행히도 지적재산권 등 아무런 문제가 없다는 답변을 듣고서 곧장 이를 기반으로 레간자를 디자인하게 되었다. 그 덕분에 레간자의 이곳저곳(차량 후미의 유선형 모양과 트렁크를 여는 롱핸들 등)이 자못 재규어의 특징적 형태가 닮아 있다.

현재까지도 레간자를 기억하는 사람들이 있을 것이다. 당시로서는 파격적인 스타일이었다. 정형화되지 않은 자유 곡면으로 이루어진 유선형의 차량 외관은 파격 그 자체였다. 아마도 이러한 파격적인 스타일 때문에 재규어가 양산화를 포기한 것은 아닌가 하는 생각도 하곤 한다. 그러나 당시 컴퓨터 설계·제조CAD·CAM 분야에서 갓 박사 학위를 따고 현장에 배치된 나로서는 이러한 자유곡면이 컴퓨터 설계·제조의 힘을 빌려 가능하리라는 당돌한 호기심이 발동하여 선뜻 개발에 온 정열을 불사르기로 결심하였다. 디자이너가 자신의 아이디어를 진흙으로써 제작한 클레이 모델Clay Model은 공학적으로 볼 때 매우 예민한 곡면의 조합으로 이루어져 공학적 수학 모델Math Model로 만드는 작업은 생각보다 매우 난해하다. 보편적으로 이를 A급 곡면Class-A Surfacing 모델링을 만드는 작업이라 칭한다. 컴퓨터 설계의 발전과 더불어 이를 지원하는 여러 분석 방법이 제공되면서 전문가들이 육성되었다. 컴퓨터 설계·제조의 발전이 없었다면 이렇듯 자유곡면으로 이루어진 디자인적 표현을 하고 설계, 개발, 금형 등의 양산화가 불가능하였을 것이다. 디자인도 기술을 만나야 꽃을 피우게 되는 것이다.

최근에 차세대 차량에 대해 너도나도 '공유 자율주행 전기차'를 이야기하고 있다. 차량 공유 시대가 자율주행이 가능한 전기차로 구현될 것이라는 전망을 쏟아낸다. 상상해보았는가? 공유 시대에 자율주행 전기차는 어떤 모습일까? 나는 이를 준비하는 자동차 제조사의 몇몇 차량의 콘셉트카를 볼 기회가 있었다. 글로써 표현하기에는 조금 어려움이 있으나 아마도 박스 형태의 소형 미니버스와 같은 모양이라 설명할 수 있을 것 같다. 특히 흥미로운 것은 차량 내부 모습이다. 공유 시대이기에 흡사 셔틀버스와 같은 형태의 개념이 접목된 듯했다. 자율주행차이기에 핸들과 운전석이 없으며 전기차이기에 차량 바닥에 배터리팩이 위치하여 평평한 밑바닥 구조로 되어 있었다. 내부는 곳곳에 디스플레이가 장식되어 있고 현재의 승용차에 비해 넓어져 냉난방 구조와 성능이 달라져야 할 것으로 보였다. 아울러 승객의 승하차가 흡사 저상버스와 같은 개념으로 변하고 5G 통신 시대의 도래와 함께 승객에게 어떠한 연결 서비스를 제공할지에 관심이 집중되는 것 같았다. 또한 공유 시대는 곧 차량 운영 시간의 획기적 증가를 가져올 것으로 기대되어 부품에 대한 내구 신뢰성 요구가 강화될 것으로 예측되었다.

앞에서 언급한 내용은 먼 미래의 일이 아니다. 아마도 5년 이내 이곳저곳에서 심심치 않게 볼 수 있는 광경이 될 것이다. 이러한 디자인을 가능하게 하는 기술이 이미 존재하기 때문이다. 문제는 얼마나 상업적으로 효율성 있게 개발하고 전개하느냐이다. 아마도 센스 있는 분들은 앞선 언급에서 여러 부분이 우리 본부가 전개하는 기술과 연계되어 있음을 알아차렸을 것이다. 과거 2008년 '비스타 1.0' 프로젝트를 시작할 때도 마찬가지였지만 미래는 미리 준비하고 실행하는 자의 몫이다. 공유 자율주행 전기차 시대를 대비한 우리의 비스타 연구 과제가 그래서 중요하다. 고객에게 한발 앞서 개념을 구체화하여 보여주고 샘플을 구현하여 다가오는 시대를 우리의 무대로 만드는 패러다임이 바로 비스타이다.

2018년 7월에도 '비스타 비히클데이VISTA Vehicle Day'가 예정되어 있다. 그간 준비해왔던 것들을 차량 상태로 제작하여 고객에게 한발 앞서 다가가는 것이다. 우리는 몇 년 전부터 디지털 콕핏을 앞서서 제작했다. 이제는 차량 공유에 대한 사용자 편의성 개념을 미리 준비하여 실내모형Interior Buck for Shared Vehicle을 제작할 때가 되었다고 생각한다. 차량 내부의 다양한 디스플레이 전개, 승객의 거동과 어우

러진 공조 시스템 설계, 5G 통신 시대에 걸맞은 연결, 바이옴BYOM, **Bring Your Own Media** 신개념의 제공, 승객의 제스처 내지는 거동을 빅데이터로 활용한 신사업 등 다양한 아이디어가 떠오른다.

디자인이 기술을 만나 제때를 맞이할 때 꽃이 만개한다. 공유 자율주행 전기차 시대를 대비한 디자인, 기술, 상품기획이 어느 때보다 중요해져 가고 있다.

개발 성공의 최우선 비결은
견제와 균형이다*

직장생활 대부분을 제품 개발을 하는 데 보내면서 오랜 시간 여러 노하우와 비법 등을 체득하게 되었지만 그중에서도 개발 성공의 최우선 비결을 꼽으라면 '견제와 균형Check and Balance'을 들고 싶다. 실제로 개발 전 과정에서 견제와 균형를 유지하기란 그리 쉬운 일이 아니다. 특히 차량 개발처럼 막대한 예산이 편성되면서 개발과 생산 완료 일정이 정해졌다면 개발을 총괄 지휘하는 관리자인 프로그램 매니저의 심리적 중압감이란 글로는 표현이 안 될 정도로 상당하다. 그만큼 개발 과정 내내 고객 관점의 눈높이를 유지하며 정해진 개발 절차에 따라 업무를 진행하면서 초기에 설정된 QCD를 맞추기가 어렵다. 웬만하면 피해 가고 싶은 장벽이 수시로 나타나게 되고 그럴

---

* 이 글은 LG전자 재직 시 자동차부품VC 사업본부 직원들에게 '견제와 균형Check and Balance'이라는 제목으로 공유한 글이다.

때마다 숨기고 싶거나 타협을 통해 회피하고 싶은 것이 인지상정이기 때문이다. 그러나 시스템으로 견제와 균형 기능을 정비해놓으면 결국에는 무사히 원하는 종착역에 도착한다는 경험을 여러 번 하였기에 공유하고자 한다.

대우자동차 시절 레간자 개발 당시의 경험이다. 수천억 원이 투입되는 전 차량 개발 과정을 총괄하는 하드 프로그램 매니저Hard Program Manager로 업무를 수행하면서 정말로 우여곡절이 많았다. 특히 진동·소음을 차량 개발의 핵심 차별화된 경쟁력Unique Sales Point으로 하자는 초심은 개발 과정상에서 여러 장애 요소에 부딪히곤 하였다. 제일 커다란 어려움은 역시 진동·소음의 가장 큰 진원인 엔진 경쟁력이 경쟁사에 비해 열악한 것이었다. 엔진 자체를 호주의 GM홀든 사에서 수입하여 사용하던 처지라 엔진의 개조는 아예 불가하였다. 따라서 엔진 액세서리 부품(흡배기 시스템 등)과 엔진 마운팅의 최적 설계를 통한 소음 저감에 진력할 수밖에 없었다. 문제는 이러한 개발이 상대적으로 비용이 많이 든다는 것이다. 초기에 설정한 경쟁사 대비 우수한 진동·소음 목표를 만족시키자니 추가로 부품의 원가 상승과 더불어 개발 일정도 더 늘려야만 했다. 웬만하면 성능 목표를 수정하거나 피해 가고 싶었다. 그러나 제품 개발 초기 개념인 차별화된 경쟁력을 포기하는 꼴이 되기 때문에 정말로 고민이었다. 이럴 때 야속하게도 시험 부서가 제기하는 데이터로 인해 심리적으로 위축되게 마련이다. 하지만 피할 수는 없는 노릇이었다.

나는 개발 총책으로서 항상 지키고 있는 경영 방침 중 하나가 바로 쓴소리를 하는 소위 야당적 기질을 가진 참모를 늘 옆에 중용하는 것이다. 좀 더 구체적으로 말하자면 그들은 초기에 설정된 제품 개발 계획상 목표인 엔지니어링 목표 책자Engineering Target Book에 따라 평가 시험하는 조직의 임무를 맡는다. 기질적으로도 권위에 굴복하기보다는 제품만 바라보고 데이터를 신봉하는 자일수록 더욱 좋다고 생각한다. 물론 그들이 단순히 비판적 시각만을 견지하는 것이 아니라 능동적으로 일하는 성격을 가진다면 금상첨화이다.

정말 다행히도 레간자를 개발할 당시 개발 시험을 담당한 임원과 직원들은 앞에서 언급한 덕목을 지닌 훌륭한 엔지니어들이었다. 그런 면에서 나는 참으로 복 많고 운 좋은 프로그램 매니저였다. 건전한 견제 조직이 늘 내 옆에 있었기에 개발 과정상에 나타난 '죽음의 계곡'을 무사히 헤쳐 나갔던 게 지금도 기억난다.

2015~2016년에 제너럴모터스 볼트의 주요 부품을 개발할 때도 유사한 경험을 하였다. 우리 LG그룹 입장에서는 해당 부품들을 최초로 개발하는 상황이었다. 개발 성공 여부가 그룹의 자동차부품 사업 미래를 가늠하는 형국이라 그룹 최고 수장을 비롯한 경영층들이 늘 우려의 눈초리로 격려와 배려를 마다하지 않았다. 돌이켜보면 당시 상황은 참으로 어려움 그 자체였다. 새로운 공장에서 새로운 인원이 새로운 제품을 처음으로 개발하고 생산하였다. 그럼에도 불구하고 나는 개발 전 과정을 진두지휘하면서 건전한 견제의 기능을 반드시 수행하도록 개발 시험과 품질을 독려하였으며 품질 문제에 관한 한 신속한 정보 공유의 투명성을 유지하도록 채근하였다. 당시 내가 구성원 전원에게 제시한 구체적인 품질 정보 공유의 행동 가이드라인은 '이슈 발생 24시간 이내에 본부장인 내가 알아야 하고 48시간 이내에 고객인 제너럴모터스가 알아야 한다는 것'이었다. 누구나 이슈가 생기면 (특히 고객에게) 일단 숨기려 하는 면을 경계해야 하고 그

럴 때일수록 진정한 용기를 다시 한번 생각하자고 했다. 그렇게 구성원을 다독이면서 우리 처지에 대한 진솔한 통찰을 당부하였다. 우리의 경험이 일천함을 스스로 인정하고 이슈를 풀기 위해서 이를 신속히 공론화하여 조직 전체의 힘인 집단 지성으로 풀어나가자는 제의였다. 이러한 발상은 고객인 제너럴모터스의 전폭적인 지지와 호응으로 더욱 빛을 발하게 되었다. 아마도 프로젝트의 중요성과 양사 최고경영층의 관심으로 가능하지 않았는가 생각한다.

제너럴모터스의 입장에서도 순수 전기자동차는 새로운 시도였기에 LG와의 협업이 반드시 성공하여야 한다는 기류가 형성되면서 자연스레 상호 윈윈하는 협력의 파트너십 개발이 가능하지 않았을까 싶다. 결과적으로 개발 전 과정에서 이슈를 두려워하지 않고 공격적으로 풀어갈 수 있도록 건전한 견제와 균형 문화가 조성되면서 우리는 무사히 함께 어깨동무하면서 죽음의 계곡을 통과할 수 있었다. 결과적으로는 자동차 업계의 게임체인저 역할을 한 최고의 전기차 볼트 탄생에 중요한 역할을 한 것이다. 생각해보면, 엔지니어로 일하면서 디트로이트 모터쇼의 최고의 차량으로 선정된 차량 개발에 일조하였다는 것은 매우 자랑스러운 일이다.

늘 건전한 견제를 서로 하는 조직문화가 조성되어야 한다. 이슈를 통해 상대를 책망하기보다는 이슈를 함께 푼다는 자세로 공유하는 조직문화가 시스템으로 자리 잡아야 한다. 그리고 그것을 고무하는 조직문화가 조성될 때 자연스럽게 최고의 제품을 고객에게 전달할 수 있다.

수프가 식기 전에
달려갈 수 있어야 한다*

자동차부품 산업의 특성 중 하나가 강한 해외 현지화 요구이다. 우리가 상대하는 고객은 글로벌 자동차 제조사들이다. 그들은 모두가 세계를 대상으로 생산과 영업을 한다. 그렇다 보니 자연스럽게 본인들의 사업 운영 생태계 속에서 유관 부품 사업도 동참하고 호흡하기를 바란다. 현지 동반 진출의 기회와 위기를 공유할 수 있는, 아니 한 발짝 더 나아가서는 생사를 같이할 수 있는 자동차 제조사 중심의 생태계를 조성하려 한다. 자동차 수요가 1년에 전 세계적으로 1억 대가 조금 못 미치는 상황에서 대륙별로 살펴보면 북미, 유럽, 중국 수요가 얼추 각각 25퍼센트씩을 차지하고 있다.

---

* 이 글은 LG전자 재직 시 자동차부품VC 사업본부 직원들에게 공유한 글이다. 중국의 상하이 오피스와 미국의 미시간에 공장을 설립하면서 해외 현지화에 대한 경영자의 정책을 소개하고자 전한 글이다.

일본과 한국이 10퍼센트 정도의 수준이라서 자연스럽게 글로벌 자동차 제조사는 북미, 유럽, 중국에서의 동반 진출을 위한 국제적인 입지Global Footprint 조성을 강력하게 요구하고 있다. 여기서 동반 진출이란 자동차 제조사의 연구개발센터와 공장의 근거리에서 설계 개발을 수행하고 부품 공급 체계를 가능한 한 동기화하는 것을 말한다. 출시 시기TTM나 공급망 관리SCM 효율 등의 측면에서 경쟁력을 갖추기 위한, 어찌 보면 당연한 요구이다.

문제는 이러한 해외 현지화 요구에 대응하기 위해서는 '우리의 준비와 자세가 과연 성숙하였는가?'이다. 우리로서는 자동차부품 사업에 진출한 업력이 짧다 보니 "뱁새가 황새의 요구를 감당하여야 하는 격이 되지 않을까?" 하는 우려가 있는 것이 사실이다. 북미, 유럽, 중국, 나아가서는 일본까지 커버해야 하는 해외 현지화를 짧은 시간 내에 구축하기란 상당한 부담이 있다. 물론 LG전자가 그간의 B2C 사업을 통해 축적한 해외 현지화의 경험과 노하우는 큰 도움이 되겠지만 자동차 사업 특성을 고려하지 않을 수 없다. 자동차 제조사가 개발과 생산의 호흡에 대한 주도권을 가진 상황에서 이들과 일거수일투족을 같이하면서 동기화된 호흡을 한다는 것은 엄청난 도전이다. 사실 본부 출범 이래 지금까지는 국내를 중심으로 한 최소한의 투자와 효율적 경영 방안을 강구해 왔다. 그러나 이제는 우리의 규모와 고객의 요구가 변곡점을 지나고 있으며 진정한 경쟁력 강화 측면에서 해외 현지화를 깊이 있게 고민하고 실행에 옮겨야 할 시기이다.

3년 전쯤에 일본 혼다 중앙연구소를 방문해 우리 회사가 최초로 공급하게 된 중앙정보디스플레이CID에 대한 업무 협의를 하였다. 그때 혼다의 한 중역이 나에게 당부한 말이 있다. 혼다와 사업을 지속해서 발전시키려면 반드시 지켜야 할 게 있다고 말이다.

"수프가 식기 전에 달려오는 현지화 체제를 갖추세요."

본인들은 부품 공급자의 현지화가 더디면 개발의 가장 기본인 소통 채널이 미비한 것으로 여긴다고 했다. 대체로 현지화가 미비한 회사일수록 향후 지속적 경쟁력이 떨어진다는 것을 근거로 들었다. 조금은 과장된 표현이라 생각했다. 하지만 지금 생각해보면 고객이 생각하는 요구의 민낯을 잘 드러낸 당부의 말이었다.

2018년 10월 중국의 상하이 오피스 개소식, 그에 앞서 9월에는 미국 미시간의 디트로이트 공장 개소식을 하게 되었다. 해외 현지화를 위한 우리의 발걸음이 조금씩 국제적인 입지를 다지는 계획을 채워 나가고 있다. 해외 현지화는 여러 측면에서 의미가 있다. 이 글 첫머리에 언급한 고객의 요구로 인한 시도라는 점이 우선이겠지만 대륙별 경기 부침, 환율과 같은 상시적 불안 요소, 특별히 요즘과 같이 강대국의 보호무역주의가 기승을 부리고 있을 때는 무역 관세를 효과적으로 헤징Hedging 할 수 있는 묘안으로 작용하기도 한다.

해외 현지화 시도와 더불어 해외 현지화를 성공으로 이끌 수 있는 요인 중 하나로는 적절한 인재의 전진 배치이다. 대부분 해외 현지화를 위한 알맞은 인재라고 하면 현지 언어 구사 능력을 갖춘 사람을 들곤 한다. 그러나 나는 우리 사업의 해외 진출 인력만큼은 자동차부품 사업에 대한 올바른 이해와 경험을 갖춘 사람이 우선이라고 생각한다. 물론 언어도 중요한 요소이지만, 우리가 팔 물건과 이를 만드는 조직과 과정과 시스템에 대한 이해 없이 단순히 언어 능력만으로 사업할 생각을 한다는 것 자체가 모순이다.

과거 모 회사는 중국 진출을 모색하기 위해 중국어를 잘하는 직원들을 선발해 중국에 파견하였다. 하지만 1조 원에 가까운 손실을 보고 말았다. 그제야 국내에서 일 잘하고 회사의 절차와 시스템을 잘 아는 직원을 다시 선발하여 파견하였다. 그 후에 현지에서 어학 능력을 향상할 수 있도록 지원하고 나서 흑자를 경험했다고 한다. 이 회사가 비싼 대가를 치른 학습효과를 두고 흔히 '1조 원의 교훈'이라 부른다. 나는 해외 현지 인력 파견 심사를 할 때마다 이 교훈을 강조한다. 우리 사업을 정확히 알고 상대를 파악하는 사람이 먼저이고 언어는 사업에 필요한 수준 정도만 구사할 수 있으면 된다. 국내에서 업무 수행 능력이 입증되었고 비즈니스 센스를 갖춘 소위 '일 잘하는 직원'을 뽑는 것이 기본이다.

그러나 해외 현지 오피스를 책임질 임원급 리더에 대해서는 현지 문화가 몸에 밴 자를 우선 선발한다. 아무래도 사업의 성격상 고객 상부와 긴밀한 교감을 유지하는 것이 필수이기에 리더는 남다른 현지 이해도가 그 무엇보다 중요하기 때문이다. 해외 현지 리더는 국내 본사에서 근무한 경험이 바탕이 되어야 하는 것은 기본이다. 동시에 현지에서 고객의 사업적 요구를 이해하면서 고객 내부 의사결정 과정을 파악할 수 있는 능력을 갖추어야 한다. 현지 문화에 자연스럽게 녹아들 수 있는 능력만큼은 해외 현지 리더가 반드시 지녀야 할 필수 덕목이다. 현지인들과 비공식적인 사석에서도 스스럼없이 교감할 수 있는 능력은 매우 중요하다.

끝으로 해외 현지화를 시도하면서 겪을 수 있는 어려움 중에서 투자 대비 회수와 관련하여 당부할 것이 있다. 해외에서는 투자 대비 회수가 느릴 때가 많다. 일본의 과거 사례를 살펴보면 일본 국내 사업이 일반적으로 투자금 회수에 3년의 기간이 소요되지만 해외 사업은 그보다 4배나 많은 12년이 걸렸다는 자료가 있다. 그만큼 그 어려움을 어렵지 않게 짐작해볼 수 있다. 그러나 우리는 이렇게 오랜 기간을 기다릴 수도 없고 또 그렇게 해서도 안 되는 사업적 긴박성을 가지고 있다. 그러니 수익이 담보되지 않은 채 단지 해외 현지화라는 명목으로 무리하게 움직이는 것을 조심해야 한다. 정확한 시장조사 내지는 사업 가능성 분석 없이 '현지화=현지에 깃발을 꽂는 것'이라는 명제로 출발해서는 곤란하다. 이러한 실수를 범하지 않을 현명한 방책은 아마도 수주가 보장된 프로젝트 중심으로 현지 프로젝트 관리 조직PMO, Project Management Office을 운영하는 것이다.

현지 인력을 과감히 수용하고 육성하면서 고객과의 관계를 차근차근 쌓아가는 일련의 과정을 거쳐야 한다. 고객의 진정한 요구가 바로 '현지에서 우리가 필요로 할 때 바로바로 지원하며 함께 사업을 해나가자.'라는 것임을 명확히 직시하고 가장 효율적으로 운영할 수 있는 최선의 방안을 마련하는 게 가장 중요하다. 고객의 요구를 제대로 이해하고 이를 신속히 처리할 수 있는 권한이 위임된 현장 조직Empowered Front Line을 현지에 구성하고 실행하는 게 우선이다. 우리는 고객이 원하는 해외 현지화 성공을 위한 시도를 차근히 준비하되, 그 시도 아래 도사린 여러 이슈를 사전에 파악하여 제대로 준비해나가야 할 것이다.

어려울 때 돕는 친구가
진짜 친구이다*

개인적으로 영어 구사 실력을 효과적으로 늘리기 위해 영어 속담을 외우는 습관을 갖고 있다. 영어 속담은 대부분 외우기 편하게 음률을 갖춘 문장이 많다. 예를 들면 "Haste makes waste(성급함이 낭비를 만든다)"가 그것이다. 또 다른 속담은 이 글에서 말하고자 하는 주제이다. "A friend in need is a friend indeed(어려울 때 친구가 진짜 친구이다)." 개인적으로 참 좋아하는 속담 중 하나이다.

제너럴모터스의 순수 전기차 볼트 개발과 관련하여 듣는 질문 중 인상적인 것이 있었다.

"어떻게 11개 부품, 그것도 총재료비의 60퍼센트가 넘는 중요한 부품들을 한 회사가 납품할 수 있었나요?"

---

* 이 글은 LG전자 재직 시 자동차부품VC 사업본부 직원들에게 '어려울 때 친구가 진짜 친구다 A Friend in need is a friend indeed'라는 제목으로 공유한 글이다.

해당 프로젝트를 수주하기 위해 제너럴모터스를 찾아가 설득하고 협상할 무렵은 다름 아니라 제너럴모터스가 파산한 시기였다. 거대한 공룡 제너럴모터스는 2008년 미국 투자은행인 리먼브러더스의 파산 사태로 야기된 글로벌 금융 위기의 파고를 넘지 못하고 2009년 파산 보호 신청과 함께 무너지고 말았다. 그 당시 디트로이트를 비롯한 미시간 전역은 최악의 경기 침체로 암울한 모습이 역력했다. 제너럴모터스 또한 내부적으로 변변한 기술 개발을 수행할 수 없었던 시기다.

지금 생각해보면 난데없이 동양의 작은 나라 한국, 그것도 자동차 부품 사업을 제대로 수행해본 적도 없는 LG그룹이 찾아와서 미래 기술로 전기차의 핵심 기술과 부품에 대해 발표한다고 하니 제너럴모터스로서는 아마도 적지 않게 당황스러웠을 것이다. 하지만 그들의 내부 상황이 상황인지라 밑져야 본전이라는 생각이 앞섰기에 우리에게 발표의 기회를 주었던 게 아닌가 싶다. 덕분에 우리는 소기의 목적을 달성할 수 있었다. 다시 생각해봐도 참 용감하고 도전적인 접근이었다. 제너럴모터스는 스스로 무엇인가를 어찌해볼 수 없는 상황이었다. 그런데 협력사가 미래를 같이 헤쳐나가자고 자발적으로 찾아와 제안하니 비록 생소한 업체였지만 대견하기도 하고 고맙기도 했을 테다.

지금도 생생하게 기억나는 장면이 있다. 나는 발표 첫머리에 다음과 같은 언급을 하였다.

"내가 미시간대학교에서 공부할 때 항상 세계 최고의 기술로 자동차 업계를 선도하는 GM을 동경하면서 엔지니어로서 언젠가는 GM 본사를 찾아가 함께 할 프로젝트를 논의하고 싶다는 꿈을 가지고 있었다. 여러분과 교감하기 위해 일부러 GM을 대표하는 컬러인 푸른색 스웨터를 입고 오늘 이 자리에 서게 되었다. 지금이 바로 내 꿈이 실현된 순간이다."

나의 진심 어린 말은 그들의 상처 난 자존심을 한껏 높여주었다. 그때 그 자리에 있던 많은 엔지니어와 아직도 좋은 관계를 유지하고 있고 틈날 때마다 그 당시를 같이 회상하곤 한다. 어려울 때 친구가 진정한 친구로서 오래 기억되는 법이다.

모든 사업은 부침이 있게 마련이다. 이러한 부침에도 굳건히 신뢰를 유지하는 비결은 장기적 안목으로 행동하는 것일 것이다. 올라갈 때가 있으면 내려갈 때가 있고, 내려갈 때가 있으면 올라갈 때가 있다. 그래서 올라갈 때는 내려갈 때를 준비해야 하고 내려갈 때는 올라갈 때를 기약해야 한다.

사업이 어려워지면 정말 도움을 필요로 하는 곳이 어디인가를 현명하고 냉철하게 살펴야 한다. 단순히 일부 경영 지표만을 일시적으로 개선하기 위한 소위 '땜빵식' 처방이 아니라 기본을 잃지 않는, 다시 말해 고객가치 창출을 저해하지 않으면서도 개선책을 효과적이고 자발적으로 발굴하고 즉시 실행하는 지혜가 필요하다. 문제의 해결은 문제를 인식하는 바로 그때부터 시작되는 법이다. 당면한 문제에 대해 정확하게 현상을 파악하고 업무 수행을 할 때 꼭 필요한 그 무언가(지원, 조직, 절차, 시스템 등)에 대한 요구 사항을 제대로 확인하여 해결의 긴급 정도를 정렬하는 것부터 시작해야 한다.

자동차부품 사업의
참다운 리더가 되자*

나는 40년 가까운 직장생활에서 전반부는 B2C 회사에서 보냈고 나머지 후반부는 B2B 회사에서 보냈다. 더욱이 B2C와 B2B 회사에서 모두 임원을 하다 보니 나름대로 해당 사업의 리더상에 대한 차이점을 알게 되었다.

아마도 가장 큰 차이점이라 하면 B2B 사업의 리더는 무엇보다 '고객 관계의 일선에 있어야 한다.'라는 것이다. 우리 본부와 같이 자동차부품 사업을 한다면 영업, 개발, 구매, 생산, 품질 등 모든 것이 고객인 자동차 제조사와 긴밀히 접촉을 유지해야 한다. 본부장인 나만 하더라도 매달 숱하게 고객사 최고경영층과 회의를 하고 있다. 우리 본부 임원들 또한 대부분 해외에 있는 고객과 대면하기 위해 출장이

---

* 이 글은 LG전자 재직 시 자동차부품 사업본부 직원들에게 'B2B 사업의 리더상'이라는 제목으로 공유한 글이다.

잦고 고객사 현장에서 솔선수범하여 진두지휘하며 업무를 진행한다. 이처럼 고객과 현장에서 뛰는 모습이 우리 본부 임원이 갖춰나갈 모습으로 자리 잡았다.

사실 고객과 마주할 때 대체로 자연스럽게 감정이 그대로 드러나기 일쑤다. 가령 우리의 실력과 제품이 우수하면 고객사 앞에서 자신감이 넘쳐나고 그렇지 못하면 움츠러들 수밖에 없다. 여하튼 B2B 사업의 리더는 고객 앞에서 진정한 리더상이 발현된다는 것이 내가 경험한 것 중 유의미한 포인트다. 그래서인지 나는 우리 사업의 여러 분야의 현황을 객관적이고 신속하게 파악하기 위해 고객을 접할 때마다 고객을 통해 현 상황을 점검하고 판정받기를 즐겨한다. 사실 이러한 현상 파악을 단순히 우리 직원의 보고에 의존할 수도 있겠지만 견제와 균형 측면에서 고객의 목소리를 통해 검증하는 것이 반드시 병행되어야 한다는 것이 나의 경영 노하우다. 간혹 회사 내부에서는 강건하고 목소리 높은 리더가 갑자기 고객 앞에서는 기를 못 쓸 때를 보곤 한다. 마치 집 안에서는 큰소리치면서 밖에 나가서는 찍소리 못하는 가장을 떠올리게 한다.

내가 고객을 올바른 잣대로 활용하는 경우 중에 가장 유효한 분야가 바로 연구개발과 품질 분야이다. 사실 많은 연구개발 과제에 대한 평가를 사내 조직에만 의존하기에는 한계가 있다. 기술의 세분화에 따른 면도 있고 사내의 견제와 균형 기능이 작동하기 어려운 분야가 바로 전문 기술 분야이기 때문이다. 오래전 일이지만 이와 관련하여 참고할 만한 사례가 있다.

당시 회사 내부의 기술 과제 중 하나로 ABS 시스템Anti-Lock Brake System이 선정되어 과제를 검토했을 때다. 해당 기술을 제의한 박사님은 매우 유수한 대학에서 학위를 취득한 분이었다. 지금은 너무나도 당연한 기술이지만 당시에는 첨단 기술 분야였기에 감히 누구도 제동을 걸 수 없었던 상황이다. 만일 승인해서 진행하면 상당한 액수의 연구개발비가 집행되어야 하기에 일단 해당 기술을 가장 반길 독일 일류 업체를 불러 제의한 내용을 발표하게 하였다. 하지만 유감이었다. 발표장에서 나는 극명하게 해당 기술에 대한 경쟁력을 판단할 수 있게 되었다. 사내에서는 아무도 제어할 수 없던 제안 사항들이 냉정한 고객 앞에서는 순식간에 무너지는 상황을 눈앞에서 보게 된 것이다. 현장에서 '우물 안 개구리' 꼴을 면치 못하는 모습을 생생하게 지켜봐야만 했다.

회사 내부에서는 요란하게 포장된 기술이 살벌한 사업 현장에서는 처참하게 무너질 때가 비일비재하다. 무림의 고수 앞에 서기를 주저하지 말아야 험하고 비정한 대결에서 살아남을 수 있다. 사업 현장에서도 마찬가지다. 고객 앞에서 싸우기를 주저하지 않는 리더가 바로 B2B 사업의 리더의 참모습이다.

품질도 마찬가지이다. 품질 문제가 발생했을 때 고객과 투명하게 논의하고 해결하는 것을 주저하는 리더가 있다면 B2B 사업의 리더가 아니다. 사실 우리 본부의 사업과 같이 고객과 긴밀히 연결되어 개발을 진행해야 하는 사업은 그 어느 품질 문제도 우리만의 문제로 국한될 수가 없다. 당연히 해당 품질 문제는 고객에게 전가될 것이기에 투명하게 처리하고 서로 신뢰감을 쌓으면서 협동하여 솔루션을 찾는 것이 바로 B2B 사업이다. 나는 개발상의 품질 문제와 양산 이후의 품질 문제에 대해서도 반드시 고객과 호흡을 같이하려고 매번 노력한다. 또한 고객사와 함께하는 최고경영층 회의에서도 반드시 점검하는 습관을 갖고 있다.

　혹시 여러분 주위 리더 중에 회사 내부에서는 호랑이처럼 굴다가 고객만 만나면 순한 양으로 돌변하는 사람이 있는가? 혹시 '갑'인 고객 앞에서는 순한 양과 같다가 '병'인 협력사 앞에서는 갑자기 호랑이로 돌변하는 사람이 있는가? 만일 존재한다면 심각한 조직 문제로 비화될 뿐 아니라 사업 문제로까지 번질 조짐으로 볼 수 있다. 항상 고객을 먼저 생각하는, 고객 입장에서 생각하고 고객을 통하여 점검하는 습관을 지닌 리더로 가득 찬 조직이어야 한다. 그래야 강건한 조직이 될 수 있다.

5장

국가 모빌리티 산업의 담대한 전환

자동차 산업이 전동화로
완전히 바뀌고 있다*

전 세계적인 대전환인 지정학적 대전환, 그린에너지 대전환, 디지털 대전환으로 가장 크게 영향을 받는 산업 중 하나가 바로 자동차 산업이다. 이미 오프쇼링 형태의 글로벌 생산구조로 오랜 기간 자리 잡은 업종이 자동차 산업이다. 탄소중립이라는 거대한 쓰나미를 동반한 그린에너지 대전환의 한복판에 있는 업종도 자동차 산업이다. 또한 코로나19의 영향으로 가장 큰 타격을 받으면서 모빌리티 수요의 구조적 전환에 직면한 동시에 시장으로부터 디지털 대전환의 압박을 가장 크게 받는 업종도 역시 자동차 산업이다. 이렇게 뿌리부터 흔들리는 글로벌 자동차 산업은 현재 다각도로 출구를 모색하고 있다. 그 대표적 영역이 미래 모빌리티 시장이다.

---

* 2021년 10월 22일 「대한민국 산업미래전략 2030」 보고서로서 한국공학한림원, 산업미래전략위원회에서 출간한 『담대한 전환』에 삽입된 내용으로 일부 수정 편집되었다.

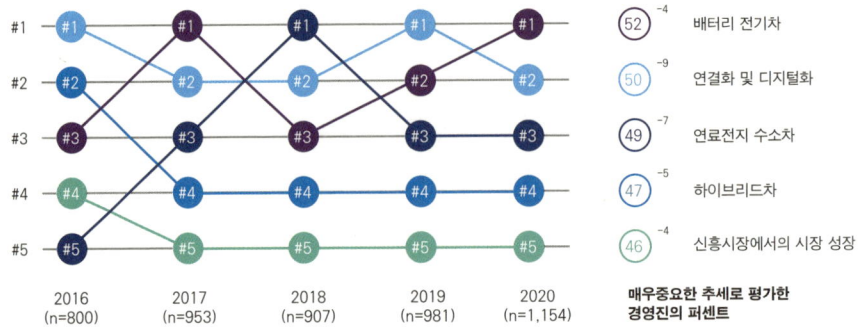

　KPMG 글로벌이 발간한 조사에 의하면, 2030년까지 자동차 산업의 미래 전개 방향을 주도할 트렌드는 도표 〈2030년까지의 자동차 산업 핵심 트렌드 변화〉와 같다. 이 중 2020년 현재의 순위를 보면 1위 배터리 전기 모빌리티, 2위 커넥티비티와 디지털화, 3위 연료전지 모빌리티, 4위 하이브리드 모빌리티, 그리고 5위 개도국 모빌리티 시장의 성장이다. 이를 기술 관점에서 보면 연결성, 자율화, 공유화, 전동화+스마트와 스마트 사용자경험 Smart UX로 요약할 수 있다.

　이러한 광의의 전동화 추세에 따라 전 세계 자동차 회사들은 앞다투어 전동화 전략을 발표하고 있다. 예컨대 제너럴모터스는 2023년까지 전기차 20종 출시, 포드는 2030년까지 전기차 판매 비중 40퍼센트, 세계 4위의 스텔란티스는 2025년 이후 모든 신차를 전기차로 생산하기 위해 300억 유로 투자, 도요타는 2025년까지 다양한 종류의 전기차 xEV 10종 출시, 현대기아차는 2025년까지 전기차 11종을 포함한 xEV 23종 출시를 발표했다. 유럽의 폭스바겐은 2025년까지 전기차를 무려 50종, 플러그인 하이브리드 차 PHEV와 하이브리드차 HEV를 30종 출시하겠다고 발표했다. 이러한 자동차 시장의 전동화

전환은 다임러, BMW, 볼보 등도 예외가 아니다. 다임러는 2030년부터 전기차만 판매한다고 2021년 7월에 발표하였다.

  자동차 산업 대전환의 원동력은 탄소중립에 있다. 실제로 온실가스 배출의 주범으로 자동차 배출가스가 거론되고 있다. 유럽연합의 총 온실가스 중 수송 부문이 27퍼센트이고 이 중 44퍼센트가 자동차에 기인한다고 한다. 특히 2015년 야기된 폭스바겐의 디젤게이트 사건은 탄소중립의 대안으로서 전기차의 위상을 현실화하였다. 2018년 발표된 유럽교통환경연합 보고서는 파리기후협약 기준을 만족하려면 늦어도 2050년 수송 부문의 배기가스가 제로화가 되어야 한다. 그러기 위해선 늦어도 2035년에는 배출가스 제로인 차량만 판매되고 2035년 이전에 팔린 내연기관 차량을 축출하여야 한다고 기술하고 있다. 유럽연합 집행위원회는 2021년 7월에 '2035년에는 내연기관차를 완전 퇴출하고 탄소 국경세를 도입'하기로 최종적으로 결정하였다. 참고로 해당 보고서에서는 배출가스 제로인 차량의 대안으로서 전기차가 최적임을 적시하고 있다.

  전동화가 현실적 솔루션으로 등장한 배경에는 수요 측면에서는 성능, 편리성 측면에서는 기술의 우월성, 생산 측면에서는 배터리 기술의 획기적 발전이 있었다. 표 〈배터리 기술의 발전 전망 대비 실제 성능 개선 속도〉는 일본 신에너지산업기술개발기구NEDO가 전망한 2008년 이후 배터리 기술의 발전 전망 대비 현실에서 구현된 성능 수치를 보여주고 있다. 배터리 기술의 획기적 발전 속도가 시장전망치보다 빠르게 진전되고 있다. 가속화된 전기차 전용 플랫폼 개발은 기존의 내연기관차보다도 우수한 제반 성능을 보여준다. 예를 들면 엔진 탑재 공간이 없어지면서 축거(차량 앞뒤 차축 간의 거리)가 확대되

배터리 기술의 발전 전망 대비 실제 성능 개선 속도

	2008	2010	2015	2016	2020's		2030's
에너지 밀도 파워 밀도 셀 가격	100Wh/kg 400W/kg $2,000/kWh	100Wh/kg 1,000W/kg $1,000/kWh	150Wh/kg 1,200W/kg $300/kWh	$145/kWh	250Wh/kg 1,500W/kg $2,00/kWh	<$100/kWh	500Wh/kg 1,000W/kg $1000/kWh
전기차 주행거리 에너지량 셀 가격 (배터리 탑재 중량)	80km 8kWh $16,000	80km 8kWh $8,000	120km 12kWh $3,600	380km 60kWh $8,700	200km 20kWh $4,000	500km 80kWh <$8,000	480km 40kWh $4,000

어 실내 공간이 대폭 증대되었고 성능 측면에서도 전동 모터가 갖는 장점을 최대한 활용하여 탁월한 출발 가속 및 진동·소음 성능을 제공한다. 그리고 배터리를 차체 중앙 하단에 배치함으로써 무게중심을 낮추고 전후 배분을 최적화하여 차량의 핸들링과 승차감도 대폭 개선되었다.

전동화와 더불어 현재 전 세계 자동차 업체들이 치열하게 경쟁하고 있는 영역은 자율주행, 통신 연계화, 스마트 사용자인터페이스 영역이다. 자율주행과 관련해서는 미국자동차학회SAE가 제시한 단계를 기준으로 현재 기술 수준은 2.5단계에 해당한다. 이는 운전자의 손과 발로 하는 조작 기능은 자동화가 가능하지만 눈의 시선을 완전 자율화하기에는 여러 제약이 있다는 의미이다. 운전자가 필요하지 않은 5단계인 완전자율주행까지는 아직 풀어야 할 여러 기술적 난관이 있는 것은 사실이다. 무엇보다 제도적 난관 극복과 사회적 합의가 병행적으로 추진되어야 한다. 아울러 차량의 통신 연계화와 스마트 사용자인터페이스는 스마트폰으로 촉발된 기술을 자동차에 연계하여 확대 적용하는 기술적 추세이다. 이는 자율주행과 더불어 차량의 전기·전자화를 가속하면서 자동차 산업의 경쟁 요소와 부품 공급망을 송두리째 바꾸고 있다.

하이퍼 플리트 모빌리티가 미래의 먹거리이다

이제 차량은 움직이는 커다란 전자제품으로 인식되면서 글로벌 경쟁력을 높이기 위해서는 다음에 열거한 경쟁력 결정요인에 주목할 필요가 있다.

- 소프트웨어 개발 능력이 경쟁력을 좌우하게 되었다. 효율적인 개발을 위한 애자일 개발 방법론이 도입되면서 폭포수 개발 방식으로 운영되는 온 하드웨어 중심의 전통적 자동차 개발 방식과의 조화로운 통합이 전체 개발 과정의 효율성을 지배하게 되었다.
- 자동차에 필요한 전자컨트롤장치ECU가 수백 개에 달함으로써 이를 효율적으로 통폐합하는 아키텍처, 즉 전기·전자 아키텍처 E/E Architecture가 진화하고 있으며 기능 도메인 영역별(통상 3~5개

영역) 통합형으로 변모하고 있다. 궁극적으로는 차량 전체를 담당하는 하나의 컴퓨터가 전 영역을 커버하는 중앙 집중형 아키텍처로 발전하고 있다.

- 전자제어장치의 급증은 필요한 반도체의 급증으로 이어져 현재 차 한 대당 200~300여 개에서 자율주행 3단계 이상 도입 시에는 2,000여 개 이상으로 확대되리라 예상한다. 따라서 2021년 전반에 자동차 산업이 겪은 차량용 반도체 부족 사태는 빙산의 일각일 뿐이다. 앞으로의 사태를 가늠해볼 때 초기적 예고에 불과하며 이러한 추세는 지속될 것으로 보인다.

- 완전자율주행을 실현하기 위해서는 크게 두 가지 기술이 필요하다. 하나는 차량에 장착된 각종 센서를 기반으로 주변의 정보를 정확하게 인식하는 것이다. 다른 하나는 지도 및 통신 기능을 이용하여 보이지 않는 영역에 대한 정보를 입수하고 처리하는 것이다. 따라서 센서와 통신 연계 기술 간의 조율이 필수적이다. 아울러 원가를 고려한 센서 조합의 최적화가 경쟁력에 중요 요소로 작용할 전망이다.

- 자율주행에서 가장 보편적인 주행 정보는 카메라를 통한 영상인식 데이터이다. 그런데 자율주행에서 안전은 선택이 아니라 필수 요소이다. 이를 담보하는 충분한 양의 데이터 확보가 반드시 이루어져야 한다. 이러한 데이터를 통한 인공지능 알고리즘 개발이 경쟁력이다. 결국 데이터 수집과 정비(레이블링 작업)를 효율화하는 프로세스 정립이 보이지 않는 핵심 요소다. 참고로 전 세계를 대상으로 한 영상인식 데이터를 수집하는 데는 수년간 엄청난 자원이 소요된다. 그 데이터의 규모는 적어도 수십 페타

바이트에 이른다.
- 스마트폰의 대중화로 인한 편리한 사용자 중심의 사용자인터페이스는 자동차 산업에도 엄청난 영향을 미쳤다. 실제로 차량용 인포테인먼트를 개발하고 공급하는 산업에 일대 전환을 가져오고 있다. 이제 차량 내에서 운전자와 승객이 사용하는 각종 기기는 마치 스마트폰과 같은 효율성을 제시하여야 상품성이 인정된다. 이에 따라 소프트웨어 및 하드웨어 기술은 스마트폰과 같은 방향으로 진화하고 있다. 하드웨어는 디스플레이, 반도체 등이 그 중심에 있고 소프트웨어는 운영체계, 미들웨어, 응용프로그램 등이 차량에 특화되어 발전하고 있다. IT 업계의 선두주자인 애플과 구글은 이미 차량용 운영체계인 카플레이와 안드로이드오토를 판매하고 있다. 이에 대항하여 자동차 업계에서는 자사만의 고유 운영체계를 개발하여 대항하고 있다. 현대기아차그룹은 자체 개발한 운영체계 ccOS를 2022년부터 전 차종에 확대 적용하여 구글 의존도를 줄인다고 발표한 바 있다.

글로벌 자동차 산업이 대대적인 구조 전환의 위협에 직면하여 전동화, 통신 연계, 자율주행, 스마트 사용자인터페이스의 방향으로 전환하는 것과는 달리 시장 목표를 아예 광의의 모빌리티 시장으로 확장하려는 노력도 매우 활발히 진행되고 있다. 모빌리티 시장이 태동한 초기에는 미국의 우버와 리프트, 중국의 디디추싱, 동남아시아의 그랩 등과 같이 승차 공유가 폭발적 성장을 거듭하면서 주목을 받았다. 그러나 코로나19 사태로 승차 공유 사업이 급속도로 기울면서 모빌리티 시장은 새로운 형태의 서비스 사업으로 전환하고 있다. 승객의 모빌리티 욕구를 도어 투 도어door-to-door로 분석하여 택시를 비롯한 다양한 호출 서비스와 킥보드와 같은 근거리 이동 수단 제공을 포함한 모빌리티 전반의 효율성을 높이는 방향으로 선회하고 있다.

이동만이 아니라 물류, 배달, 공간 이용 서비스를 포함하는 영역 확대도 시도되고 있다. 여기에는 자동차의 용도 자체를 소유형에서 구독경제 기반의 공유형으로 전환하여 새로운 모습의 모빌리티 차량을 설계하려는 시도, 자동차 중심의 모빌리티 시장을 택시, 버스, 트럭, 특수 수송차량과 같이 수요 특성을 달리하는 영역으로 확장하려는 시도, 더 나아가서는 일명 도심 항공교통UAM과 같은 새로운 시장을 개발하려는 시도까지 모두 포함된다. 이러한 시도는 향후 물류 수송에 특화된 물류 전용 드론 시장, 해상의 다양한 선박이나 시설물을 전동화하는 시장, 미국의 일론 머스크가 시도하고 있는 하이퍼루프Hyperloop 같은 혁신적 모빌리티 인프라 시장으로도 확장될 것으로 예상한다.

표 〈시기별 도심 항공교통 시장 변화 형태〉는 2021년 3월 국토교통부가 제시한 도심 항공교통의 미래 청사진을 요약한 것으로 2025년 상용화를 목표로 한 로드맵이다. 현대자동차는 도심 항공교통 사업부를 신설하여 사업을 추진하고 있다. 현실적으로 플라잉카Flying Car를 실현하기 위해서는 지상 10킬로미터까지의 관제가 요구되어 6G 통신이 필수적이다. 또한 안전성 기준을 비롯해 소음이나 보안과 같은 분야의 각종 규제의 정비가 선행되어야 할 것이다.

자동차 산업의 변화는 산업 탄생 이래 가장 빠르게 전개되고 있다. 연결성, 자율화, 공유화, 전동화+스마트로 요약되는 이러한 변화가 대중적으로 거론된 지도 벌써 5년이 지났고 그 실체가 제품화되어

시기별 도심 항공교통 시장 변화 형태

구분		초기(2025~)	성장기(2030~)	성숙기(2035~)
기체	속도	150Km/h(80kts)	150Km/h(80kts)	150Km/h(80kts)
	거리	100Km(62miles)	200Km(124miles)	300Km(186miles)
	조종 형태	조종사 탑승	원격조종	자율비행
항행/교통	교통관리체계	유연교통관리	자동화 +유연교통관리	완전자동화 교통관리
	비행회랑	고정식	혼합식	혼합식
버티포트	노선/버티포트	2개/4개소	22개/24개소	203개/52개소
	이착륙장/계류장	4개/16개	24개/120개	104개/624
기타	기체가격	15억 원	12.5억 원	7.5억 원
	운임(1인, Km당)	3,000원	2,000원	1,300원

실증되는 과정이다. 그 결과 이를 종합화하여 광의의 서비스 사업으로 전개될 미래 모빌리티 시장의 조속한 개발과 안착이 시급하게 되었다. 특히 이를 가능하게 하는 각종 산업 환경 조성, 규제 정비, 그리고 표준화에 이르기까지 시장 개발 경쟁에서 한번 뒤지면 미래 시장에서 배제되어 시장참여가 원천적으로 차단될 것이다. 연결성, 자율화, 공유화, 전동화+스마트의 요소 기술이 점차 윤곽을 드러내면서 이를 효과적으로 전개할 수 있는 토양이 필요하다. 테슬라나 우버와 같은 이 분야 선도 기업이 미국에서 탄생하였다는 것은 결코 우연이 아니다.

우리나라의 대중교통 시스템은 어떠한가? 우리나라의 대중교통 시스템이 어느 나라보다 경쟁력을 가질 수 있게 된 것은 단순히 요소기술의 우위가 아니라 실질적이고 궁극적인 목표 시장과 수요를 분석하고 이를 가능하게 하는 각종 시스템과 환경을 적기에 조성했기 때문이다. 이러한 성공 사례에 기초하여 모빌리티 산업의 국가적 성공을 위해서 G5 메가 프로젝트의 하나로 대중교통형 모빌리티 전략인 '하이퍼 플리트 모빌리티HFM, Hyper Fleet Mobility 프로젝트'를 제안하는 것은 이러한 절박함에서 비롯된 것이다.* 지금이야말로 미래 모빌리티 시장을 재조명하여 필요한 기술과 인프라를 적기 적소에 제공함으로써 시장 창출 과정에서 글로벌 주도력을 가질 절호의 기회이다.

---

* 참고로 G5 메가 프로젝트는 하이퍼 플리트 모빌리티를 포함하여 스마트 디지털, 그린에너지, 스마트 그린인프라, 소재·부품·장비 플랫폼으로 구성된다

메가 프로젝트 추진으로
산업의 구조를 바꿔라

글로벌 모빌리티 시장의 전개 전망을 고려할 때 우리나라가 선두에 나서면서 자동차 산업의 구조 전환을 이끌 메가 프로젝트를 구상하여 추진할 필요가 있다. 그 추진 목적에 부합하는 메가 프로젝트를 구상하고 기획하기 위해서는 산업 생태계적 관점에서 충족되어야 할 전제조건이 있다. 이를 간략하게 도식화하면 표 〈모빌리티 메가 프로젝트가 성공하기 위한 전제조건〉과 같다.

이미 설명한 바와 같이 자동차 산업의 대변화는 기술적 영역 측면에서 연결성, 자율화, 공유화, 전동화+스마트로 요약된다. 이러한 영역의 전개가 갖는 특성적 측면을 고찰하여 보면 CASESM으로 함축될 수 있을 것이다. 즉 영역 간 융복합이 영역 간 플레이어들의 합종연횡Alliance을 동반하면서 근간에 소프트웨어와 전기·전자 아키텍처가 핵심 기술로 부상하며 이에 필요한 자원투입이 대규모이기에 필

모빌리티 메가 프로젝트가 성공하기 위한 전제조건

영역: CASES	특성: CASESM	개별 문화
• C: 연결화Connected • A: 자율주행Autonomous • S: 공유 및 서비스Shared and Service • E: 전동화Electrification • S: 스마트한 사용자경험Smart UX	• C: 융복합Convergence • A: 협력Alliance • S: 소프트웨어Software • E: 전기전자 아키텍처E & E Architecture • S: 규모의 이점Scale Merit • M: 초대형 공급사Mega Supplier	수직적 계열화 개발 문화 수평적 협업 개발 문화

연적으로 이를 지배하는 초대형 부품사가 등장한다는 것이다. 이러한 특성을 가진 미래 모빌리티 시장에서는 기존의 구태의연한 자동차 산업의 수직계열화 개발 방식은 힘을 못 쓰게 되고 결국 수평적 협업 개발 문화를 지향하는 사업자가 승자가 된다.

대변환의 추세에 맞으면서 정책적 실행력을 갖추기 위해서는 다음 사항들을 메가 프로젝트에 적극적으로 반영할 필요가 있다.

- 자동차 산업의 변화 추세인 연결성, 자율화, 공유화, 전동화+스마트는 수송 산업 전반으로 확장될 것이다. 유럽교통환경연합의 보고서에 의하면 탄소 배출량의 27퍼센트가 수송 산업에 기인하기에 전동화의 필요성은 수송 산업 전반에 해당된다. 따라서 메가 프로젝트의 시장을 수송 산업 전반, 즉 육해공 전 영역으로 확장하여 친환경적 탄소중립 모빌리티를 구현해야 한다.
- 연결성, 자율화, 공유화, 전동화+스마트는 동시다발적으로 진행되는 흐름이고 이를 구현하는 데 필요한 투자는 유례없는 거대한 규모이다. 차량 공유 서비스 플랫폼 업체인 미국의 우버와 리프트가 초기에 자율주행 기술에 투자를 시도하였으나 엄청난 규

모의 자금 소요를 견디지 못하고 끝내는 이를 오로라와 도요타에 매각하고 말았다. 자율주행뿐만 아니라 여타 기술도 개별 수송 업계나 자동차 업체가 선도하기에는 자원과 역량이 부족하고 글로벌 사업자와 제대로 경쟁할 수도 없다.

- 정책적 실현성을 감안할 때 승용차 시장보다는 우선 정부의 기획, 개입, 자원 지원이 가능한 공공 수송 분야에서 메가 프로젝트를 기획하고 추진하는 것이 바람직하다. 특히 구성 요소 기술을 정당화하는 데이터를 국내에 맞게끔 특화함으로써 불필요한 자원의 낭비를 방지하고 요소기술 개발에 자원투입을 최적화함으로써 개발 단계에서 경제성을 담보할 수 있다.
- 표준화를 통해 호환성 문제를 해결하고 공통의 아키텍처와 플랫폼을 추구함으로써 연결성, 자율화, 공유화, 전동화+스마트 통합성, 공공성, 친환경성, 범부처성을 갖도록 한다.

이러한 사항들을 고려하여 한국공학한림원이 모빌리티 영역에서 제안하고자 하는 메가 프로젝트는 '하이퍼 플리트 모빌리티HFM 프로젝트'이다. 미래 지향적 모빌리티 생태계 아키텍처를 구축하고 이를 기반으로 5개 모빌리티 모드를 선정하여 실행하자는 제안이다. 5개 모빌리티 모드는 e-고속버스, e-수송 트럭, e-수직이착륙기, e-선박, e-드론이다. 도표 〈하이퍼 플리트 모빌리티 메가 프로젝트 아키텍처〉는 하이퍼 플리트 모빌리티 프로젝트의 표준 아키텍처를 도식화하여 보여준다.

궁극적으로 하이퍼 플리트 모빌리티 아키텍처가 제공하는 것은 육해공 인프라로서 고객이 사용하는 플랫폼과 이를 실현하는 기술적

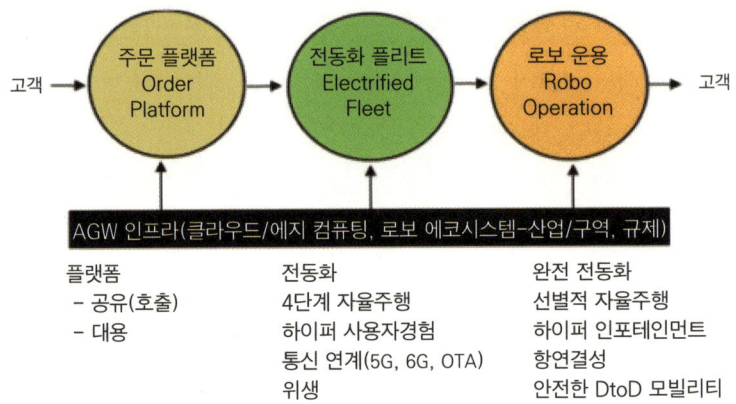

요소와 시스템이 지향하는 목표가 축을 이루고 있다. 예를 들면 고객과 맞대고 있는 플랫폼은 전동화, 4단계 정도의 자율주행, 고객 지향적 사용자경험을 제공하며 통신 연계(5G, 6G, OTA)를 갖춰 공공 위생이 보장된 실내 공간을 제공한다. 이러한 기술의 궁극적 지향점은 완전 전동화, 선별적 자율주행, 하이퍼 인포테인먼트, 항연결성 등을 갖춘 안전한 도어 투 도어 모빌리티Safe Door to Door Mobility이다.

e-고속버스 프로젝트

5개 모빌리티 모드 중 하나인 e-고속버스의 시스템 구성도와 운용 메커니즘을 예시적으로 도식화하면 다음의 〈e-고속버스 프로젝트의 시스템 구성과 운영 메커니즘〉과 같다. 앞서 말한 것처럼 완전 자율주행을 실현하기 위해서는 자동차에 장착된 센서 기반 기술과 함께 [2]통신 연계 기술이 병합되어야 한다. 이러한 병합 측면에서 통신 환경을 무난하게 구축할 수 있는 환경 중 하나가 고속도로이다.

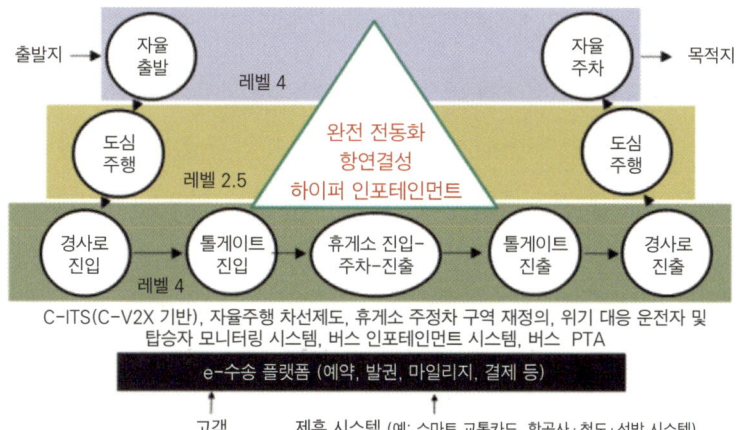

특히 국토교통부가 추진하는 차세대 [3]지능형 정보 교통 시스템 C-ITS을 효과적으로 연계 적용함으로써 자율주행은 물론 연결성, 자율화, 공유화, 전동화+스마트의 통신 연계성, 스마트 사용자인터페이스를 고속도로를 주행하는 공공 고속버스에 효과적으로 적용할 수 있다.

차세대 지능형교통체계를 구현하기 위해서는 '차량 사물 간V2X 통신' 기술이 전제되어야 한다. 최근 미국 연방통신위원회FCC는 이를 실현하기 위한 통신 표준으로 '셀룰러 기반 차량 사물 간 통신'을 제정하고 2021년 7월 2일부터 미국 전국적으로 시행한다고 발표하였다. 셀룰러 기반 차량 사물 간의 핵심은 사이드링크인데 차량과 사물 간 직접통신을 가능하게 하는 기술이다. 그간 차량 사물 간 표준은 셀룰러 기반 차량 사물 간과 함께 단거리 통신DSRC을 지향하는 웨이브WAVE가 병존하였지만 미국과 중국이 셀룰러 기반 차량 사물 간을 단일 표준으로 채택함으로써 빠르게 재편되리라 생각된다. 5G 통신의 초연결성을 자율주행과 연계하기 위해서는 범정부적으로 이제 선택을 단행할 시간이 다가온 것이다.

〈e-고속버스의 시스템 구성과 운영 메커니즘〉은 하나의 예시로서 고속버스의 운행 구간을 분류하여 구간별로 연결성, 자율화, 공유화, 전동화+스마트 적용이 가능한 영역을 도출할 수 있으리라는 것이다. 한 예로서 고속도로에 접어들어 버스 전용 차선에 진입한 이후에는 4단계 수준의 자율주행이 가능할 것이나 그 이외의 구간에서는 각기 다른 수준의 자율주행을 검토해야 한다. 아울러 고속버스 내부의 인포테인먼트 시스템을 비행기 수준으로 업그레이드하는 새로운 서비스 시장을 개척할 수도 있을 것이다. 물론 버스 운행은 친환경을 지향하여 전면 전동화를 기본적으로 추진할 수 있다. 이를 통해 전동화와 관련한 국내 부품 공급망의 경쟁력을 강화할 수도 있다.

e-수송 트럭 프로젝트

한국공학한림원이 HFM 프로젝트를 통해 제안하는 e-수송 트럭 프로젝트는 공공 조달을 통해 우리나라의 전기 트럭 시장과 다용도 중장비 시장을 조속히 견인하자는 제안이다. e-수송 트럭과 관련해서는 이미 전 세계 여러 사업자가 시제품 내지는 상용화 제품을 시장에 내놓고 있다. 현대자동차는 2020년 7월 세계 최초로 수소 전기 트럭을 양산해서 스위스에 1,600대 수출한다는 기사를 내면서 서비스 모델은 판매 대신 사용료를 받는 형식이라고 밝힌 바 있다.

미국의 다임러는 2020년 9월에 1회 충전으로 1,000킬로미터 이상 주행하는 연료전지 트럭을 개발해 2023년부터 시험 운행에 들어간다고 발표하기도 했다. 메르세데스 벤츠 역시 1회 충전으로 500킬

테슬라의 사이버 트럭

로미터를 주행하는 전기 트럭의 시험 운행을 시작했다. 메르세데스 벤츠는 중거리까지는 배터리 전기 트럭, 장거리는 연료전지 트럭으로 전환할 계획이다. 발표된 연료전지 트럭은 액체수소 탱크를 2개 탑재한 것으로 알려져 있다. 테슬라 역시 사이버트럭을 예약받기 시작했다.

e-수직이착륙기 프로젝트

e-수직이착륙기는 개인용 비행체PAV, Personal Air Vehicle와 함께 도심 항공 모빌리티의 형태이다. 그 대표적 사례로 그림 〈현대자동차의 개인용 비행체 콘셉트 모델〉에서 보듯이 현대자동차가 개발 중인 개인용 비행체 S-A1을 들 수 있는데 1회 충전에 시속 290킬로미터로 100킬로미터를 날 수 있다.

현재 세계 완성차 업계의 도심 항공 모빌리티 시장 진출은 이른바 각축전을 벌이고 있다. 경쟁에서의 승리는 어느 나라가 더 빨리 검증된 도심 항공 모빌리티 서비스 시장을 대규모로 개발해 내느냐에 따라 좌우될 것이다. 한국공학한림원이 하이퍼 플리트 모빌리티 프로

현대자동차의 개인용 비행체 콘셉트 모델

젝트를 통해 제안하는 것은 한강 수상에 관광용 도심 항공 모빌리티 시범 사업을 한다거나 국제공항과 국내공항 간 신속 이동과 같은 특별한 용도의 시장을 정부나 공공 주도로 우선 개발함으로써 사업 가능성에 대한 실증을 최대한 앞당기자는 것이다.

e-선박 프로젝트

다른 모빌리티 모드와 같이 e-선박 프로젝트 역시 탄소중립 과제의 하나로 추진할 필요가 있다. 수송 산업의 탄소배출과 관련하여서는 해운업이 4분의 1을 차지한다고 한다. 삼면이 바다이고 조선 산업이 세계 일등인 우리나라로서는 이제 해운업에서 탄소중립을 선도할 당위성이 높아졌다. 특히 해운업에서는 배터리에만 의존하는 순수 전기 선박보다는 수소연료 선박의 성공 가능성을 더 크게 본다.

그러나 e-선박 프로젝트는 국가적 과제로 추진하기보다는 민간 조선 산업의 과제로 추진하는 게 효율적이라 판단된다. 한국공학한림원은 오히려 국내 근해의 청정 수산을 조기 조성하면서 친환경적 이미지와 효과를 극대화하는 어촌 선박의 e-선박화 사업을 국가가

e-선박의 개념도 (빈센의 수소연료전지 선박)

주도하는 프로젝트로 제안한다. 비교적 가까운 시기에 실행이 가능한 기술적 분야이기도 하다. 배터리와 모터만을 사용한 순수 전기 보트를 조기 개발하고 근해의 해양 양식장 환경을 5G 통신이 가능하도록 하면 e-선박의 내비게이션 시스템과 통합하여 자율 항해가 가능해져 시장 선도를 앞당길 수 있을 것이다. 그림 〈e-선박의 개념도(빈센의 수소연료전지 선박)〉는 울산시 '수소그린모빌리티 규제자유특구 수소연료전지 선박 상용화 사업'의 하나로 빈센이 개발 중인 수소연료전지 선박이다.

e-드론 프로젝트

e-드론의 범용성은 이미 잘 알려져 있다. e-드론은 재난이 일어났을 때 긴급 구조와 정찰용 시스템을 구현하거나 다수의 드론을 활용해서 본격적인 정찰 활동과 심지어 군사적 활용까지 모색할 수 있다. 개별적 드론보다는 군집swarm 드론을 동시에 제어하여 입체적 임무를 수행하는 시스템 기술이 핵심적 과제이다. 이와 함께 2020년 LG화학이 리튬황 배터리로 국내 최초 최고도 비행에 성공함으로써 통

신용 고도 기지국으로 활용될 가능성을 주목할 필요가 있다. 한국공학한림원은 하이퍼 플리트 모빌리티 프로젝트를 통해 대규모로 정기적 군집 드론 시범사업을 민간 주도로 펼침으로써 e-드론 생태계를 구축해가는 방안을 제안하고자 한다.

국가가 변화를 주도하기 위한 총력전에 나서야 한다

자동차 산업은 연결성, 자율화, 공유화, 전동화+스마트 중심으로 급속도로 변화하고 발전하는 중이다. 그리고 연관 수송 산업 전반의 변화를 촉발하고 확대하는 중이다. 이러한 변화를 국가 차원에서 지원하는 데 가장 적극적인 나라가 중국이다. 중국은 이미 10여 년 전부터 가장 큰 자동차 시장으로 변모하였지만 기존의 내연기관차로는 기술을 선점한 미국, 독일, 일본의 아성을 도저히 무너뜨릴 수 없다고 판단하여 전동화를 중심으로 한 새로운 질서에서 앞장서려는 정책을 시행했다. 3종3횡 기술에 대한 연구개발을 적극적으로 지원하고 보호하고 있다. 물론 우리나라를 비롯한 여러 나라에서도 전동화의 성공적 안착을 위해 각종 구매 보조금 지원 정책을 쓰고 있다.

이미 연결성, 자율화, 공유화, 전동화+스마트 기술의 유효성에 대해서는 많은 진전이 있었다. 관건은 이들을 어떻게 효율적으로 적용하는 환경을 조성하여 대중화와 생활화를 성공적으로 이루어내느냐다. 특히 국민의 삶에 깊숙이 영향을 미치는 공공 수송 분야에서의 효율적 안착은 실수요자의 인식 변화를 배가하는 파급효과를 갖게 될 것이다. 이에 따라 공공 수송 분야에서 국내의 공공 요구를 만족하는 규제와 인프라를 포함한 포괄적 시스템을 구축하고 킬러 애플리케이션을 발굴하여 시행착오를 줄이면서 장기적인 기술 발전 방향을 모색하는 노력이 필요하다. 하이퍼 플리트 모빌리티 메가 프로젝트의 성공적 수행을 위한 정책적 조건을 몇 가지 제안하면 다음과 같다.

- 정부의 다부처 협력이 절실하고 레거시 규제의 해소와 정비가 필요하다. 연결성, 자율화, 공유화, 전동화+스마트라는 거대한 변화는 정부 여러 부처의 경계를 넘나들 수밖에 없다. 연결성, 자율화, 공유화, 전동화+스마트의 특성에서도 살펴본 바와 같이 융복합과 합종연횡은 성공을 위한 필수 전제조건이다. 따라서 산업통상자원부, 국토교통부, 환경부, 과학기술정보통신부, 중소벤처기업부 간의 이해 조정과 통합이 절실하다.

- 인공지능으로 대표되는 소프트웨어 산업을 적극적으로 지원하기 위해서는 메가 프로젝트 추진 환경에 걸맞은 데이터를 시행착오 없이 체계적으로 수집하고, 동시에 이를 공유하는 생태계를 조성함으로써 해당 산업계가 갖는 공통의 부담을 줄여야 한다. 우리나라 공공 수송 분야만이 갖는 특수성을 고려한 데이터의 수집과 지원과 보호는 미래 지향적 기술이 효과적으로 안착하는 계기가 될 수 있다.

- 하이퍼 플리트 모빌리티 메가 프로젝트를 구성하는 5개 모빌리티 모드는 우리나라의 특수성을 반영하고 데이터의 효과성을 고려하며 선정된 것이다. 그 과정에서 연결성, 자율화, 공유화, 전동화+스마트 기술을 내포한 종합적 측면이 고려되었음은 물론이다. 더 나아가 반도체, 디스플레이, 소프트웨어와 더불어 인공지능 기술과 모빌리티 서비스 사업의 효과적 안착을 선도하는 프로젝트로서 기획되었다.
- 하이퍼 플리트 모빌리티 프로젝트는 공공성과 친환경성을 중심을 두고 기획한 프로젝트이다. 따라서 정부의 효율적 기획과 지원이 필수일 것이고 우선순위 설정도 이러한 측면이 우선시되어야 할 것이다.

마지막으로 5개의 모빌리티 모드는 광의의 모빌리티 산업 구조 전환을 촉진함은 물론 국내 자동차 산업, 조선 산업, 항공 산업, 기계 산업, 전기·전자 산업이 더욱 내실 있게 친환경적으로 고객에게 다가서는 산업으로 재탄생하는 계기를 마련할 것이다. 물론 그 과실로서 우리나라의 제조업이 세계 시장에서 선두주자로 거듭나는 전환점을 제공할 수도 있다.

에필로그

우리 기술로 만든 신차 대우 레간자

　1994년 1월로 기억된다. 대우그룹의 김우중 회장과 대우자동차 기술연구소 부장들과의 일대일 면담이 발표되었다. 그룹의 화력을 자동차 산업에 집중하기로 한 상태였으나 이를 뒷받침하는 기술 개발 수준은 매우 낙후된 상태였다. 1992년까지는 제너럴모터스와 50:50 합작 상태로 대부분의 기술 개발을 제너럴모터스의 100퍼센트 자회사인 독일의 오펠에 전적으로 의존하고 있었다.

　1992년 제너럴모터스의 지분을 전량 인수하고 신차 개발에 목마른 회장으로서는 기술 개발의 현황과 연구소 직원의 실상을 몸소 파악하고 싶었던 것 같다. 중간관리자인 부장들과의 면담을 그룹 회장이 한다는 소식은 조직을 긴장시키기에 충분하였다. 그것도 각자 20분 정도씩 말이다. 아마도 기존 관행으로는 회장님이 그리는 대변혁을 이루기 힘들다고 판단하고 열정에 넘치는 참신한 인재를 발굴하려 하였던 것 같다.

나는 당시 기술연구소의 차량시작실을 담당하는 부장이었다. 미국에서 박사 학위를 마치고 1989년에 귀국하여 전공인 컴퓨터 제조·설계 때문에 연구소 전산 조직을 맡고 있다가 자동차의 본질을 이해하기 위해 뛰어든 차량시작실 생활은 정말로 재미있었다. 하루하루 현장에서 작업을 통한 실물 제작은 열정을 불사르기에 딱 제격이었다. 특히 현장 기능공과 혼연일체가 되어 새로운 영역에 도전하는 일은 지금도 나의 뇌리를 자극한다.

벌써 그 당시 SLA라는 3차원 프린팅 기기를 갖추고 목업을 제작하는 수준이었다.* 전공도 살리면서 현장에 곧바로 적용하여 검증할 수 있는 환경에 만족해했다. 다만 현장관리라는 명분으로 직원들과 회식이 잦아 나의 건강을 좀먹고 있었던 것도 사실이다. 30대 후반이었으니 힘도 좋았던 때다. 현장 기능공 중 나에게 팔씨름을 이기는 자가 없을 정도였다. 이 글을 쓰는 지금도 그들과 뒹굴며 작업하던 그때가 그리워진다. 그러나 연말 건강진단을 받아 보니 알코올성 지방간이 심해져 하얗게 변하였다는 진단을 받았다. 집안이 확 뒤집혔다. 그러던 중 연초에 회장님과의 면담이 진행된 것이었다. 나는 면담실에 들어갔다.

"아, 자네는 내가 알아. 그룹에서 박사학위 유학 보낸 이 박사 아닌가? 열심히 일한다면서? 뭐 할 말 있나?"

뜻밖이었다. 회장님이 날 알다니. 아마 인사카드를 보고 넘겨짚은 거라 짐작하고 당돌하게 대답하였다.

"회장님, 우리 연구소는 신차 개발을 전적으로 해외에 의존하고 있

---

* 참고로 25년 뒤인 2010년대 후반에서 이 기술은 4차 산업혁명의 총아로 자리매김하고 있다

습니다. 그런데 제가 보기에는 저희도 꽤 실력이 있는 사람이 있으니 자체 개발을 해보면 어떻겠습니까? 한번 저에게 그 임무를 맡겨주시면…….”

나는 말을 하면서 긴장하고 있었다. 그런데 회장님께서 고개를 끄덕이시더니 "이 박사, 수고했어. 이제 나가봐."라고 하였다. 남들은 20분 걸리는 면담을 나는 2~3분 만에 끝냈다. 너무 일찍 나오니 비서도 당황하는 기색이었다.

그리고 나서 며칠 후 조직 발표가 있었는데 내가 중형차 레간자 프로그램 매니저로 선임된 것이다. 당시는 신차 3종을 개발할 상황인데, 소형차 라노스(T-Car), 준중형차 누비라(J-car), 중형차 레간자(V-Car)가 그것이다. 라노스와 누비라 프로그램 매니저는 모두 임원이었다. 부장으로서 내가 중형차를 담당한 파격적 인사였다.

당시 대우자동차 기술 개발력으로는 3종의 신차를 동시 개발한다는 사고는 도저히 이해가 안 가는 일이었다. 한 차종도 할 수 있을까 말까였다. 더욱이 라노스와 누비라는 설계를 각각 이탈리아와 영국에 맡겼다. 그러나 레간자만은 내가 주장한 대로 자체 기술력으로 하라는 지시였다. 그리고 양산화 일정도 누비라, 라노스, 레간자 순으로 6개월 간격을 가졌기에 자연스럽게 우선순위가 누비라, 라노스, 레간자였다. 막상 인원 조정을 끝내고 보니 정예 인력은 누비라와 라노스로 배치되고, 그야말로 외인부대와 같은 인력들로 레간자 개발 조직이 탄생하였다. 설계 경험 5년 이상 경력자가 20여 명 정도밖에 안 되는 초라한 조직이었다. 게다가 조직의 수장인 프로그램 매니저인 나는 신차 개발은커녕 설계도 한 번 경험해보지 못한 30대 중반의 부장이었다. 가능하겠는가? 고민이 태산이었다. 아마 회장님도 같

1997년 레간자 개발 완료 후 모습

은 생각이셨나 보다.

 사실 회장님은 당시 혼다와 협상 중이었으며 혼다의 세계적 명차 어코드를 조립 생산하는 방안도 함께 진행하였다. 당시 대우자동차는 혼다의 최고급 명차 아카디아(글로벌 명칭은 레전드)를 이미 조립 생산했던 때다. 그러나 사업가인 김우중 회장님의 촉은 대단하였다. 혼다와 협상이 원활치 못할 상황을 대비한 것이다. 백업 플랜이 바로 레간자였다. 여하튼 조직 내부에서도 의구심이 드는 프로그램을 맡았으니 나로서는 구성원의 사기를 북돋우는 것이 지상 과제였다. 나는 그렇게 생각하고 자신에게 주문을 외우기 시작했다.

 "좋아, 이 기회에 우리 스스로가 신차 개발을 해보는 거야."

 앞서가는 누비라와 라노스를 예의주시하고 관찰하면서 시행착오를 줄이면 되지 않겠는가? 그리고 조직의 소통과 투명성을 높이기 위해 사무실 레이아웃을 과감히 바꾸었다. 사무실 내 칸막이를 없애는 동시에 부족한 CAD 터미널의 가동성을 높이기 위해 터미널 사용 공간은 공용화하고 가시화하였다. 나의 중요 지시 사항이나 개발 진행 일정은 제일 잘 보이는 곳에 있는 게시판을 통해 공유하여 현황을 거의 실시간으로 알렸다. 매월 전 개발자와 조회 형식의 소통 시간을 갖고 질의응답에 솔직히 답변하였다. 개발에 어려움이 있는 곳은 세계 어디든지 달려갔다.

영국 MIRA 주행시험장에 방문한 김우중 회장과 경영진

그리고 아주 중요한 핵심 영역만큼은 보험 삼아 세계적 대가를 자문으로 초빙하고 고견을 청취하였다. 그들에게 삼고초려 하는 일도 마다하지 않았다. 누구에게 시키는 것이 아니라 내가 직접 가서 선생님으로서 깍듯이 예우하였다. 차체설계는 프랑스의 부델, 섀시설계는 영국의 로저 베커, 의장설계는 일본의 이토, 스타일은 이탈리아의 주지아로, 차량 시험은 영국의 힉맨 등이 그들이다. 나의 신조 중 하나는 '정말 문제는 모르는 것을 모르는 것이지 모르는 것을 알면 문제는 해결할 수 있다'였다. 그래서 나는 직원들에게 강조하였다. 모르면 모른다고 말하라, 절대로 야단치지 않는다고 말이다. 나아가서는 모르는 것을 해결하는 과정을 보여주면서 도움을 주었다. 이것이 내가 평생 지켜온 육성에 대한 경영 철학이다. 그러다 보니 세계 방방곡곡을 돌아다니는 정말 마당발 경영을 수행하였다. 리틀 김우중이 따로 없었다.

1997년 2월 1일 토요일 오전 8시 나는 부평 승용2공장 앞에 대기하고 있었다. 양산 1호차 조립과정을 회장님께서 직접 보시겠다는 것이다. 회장님을 모시고 1호차 조립과정을 살펴보았다. 참 대단하신 회장님이시다. 이보다 더 큰 격려가 어디 있겠는가? 혼신을 다 바쳐 만든 작품을 현장에서 같이한 것이다. 레간자는 나에게는 그리고 우리 조직 구성원들에게는 자식과 같다. 아마도 그러하기에 회장님은 창업 1세 경영인으로서 이를 아셨던가 보다. 지금도 그때의 기억이 생생하다. 혹시나 조립이 잘 안 되면 어떻게 하나, 부품이 결품되면 어떡하나, 작업자의 숙련도가 미진하여 당황하면 어쩌나 이런 고민으로 잔뜩 긴장했다.

그때의 프로그램 매니저의 역할과 임무는 막중하였다. 소위 스트롱 프로그램 매니저 제도였다. 설계 기술 개발은 물론이고 상품기획서부터 심지어는 광고 판매까지도 관여했다. 그렇게 탄생한 광고가 바로 '쉿, 레간자'였다.

양산 이후 레간자 판매는 대성공이었다. 한 달에 판매량이 1만 4,000대 정도였던 것으로 기억한다. 생산이 수요를 따라가기 힘들 정도였다. 회장님은 간혹 나에게 이런 말씀을 하였다.

"이 박사, 힘들지. 이제 곧 나하고 부부 동반해서 연락이 안 되는 섬 같은 곳으로 가서 멋지게 휴식할 날이 올 거야."

정말 다정다감하신 분이었다. 그러나 이제 와 생각해보니 회장님이 말씀한 그날이 아마도 사후 세계가 아니었나 생각된다.

1994년 부장으로 레간자 개발에 발 담그고 난 후 거의 매년 승진하였다. 부장, 이사부장, 이사, 상무로 말이다. 레간자의 성공 이후 나에 대한 회장님의 신뢰가 하늘을 찔렀다. 중형차만이 아니라 대우차 전 차량의 개발을 나에게 맡기었다. 당시에는 쌍용차도 대우자동차

소비자 대상 수상 후(좌), 보도 발표회(우)

개발 주역들과 함께

레간자 개발 완료 후 힐튼호텔에서 직원들을 격려하는 김우중 회장과

부평공장에서 어린이날 행사에 참여한 김우중 회장과 송영길 의원과 그 사이에 있는 내 아들

소속이었기에 나는 9개 차종을 개발하는 차량 개발 총괄 상무였다. 당시 개발된 차종은 마티즈, 라노스, 누비라, 레간자, P-100(개발 중단된 중대형차), 체어맨, 레조, 코란도, 무쏘 등이다. 세계경영, 솔선수범 경영, 도전 의식, 미래를 위한 희생, 창조에 대한 시각 등 정말 많은 것을 회장님에게 배웠다. 후에 LG그룹에 와서 주위에서 나의 경영은 대우 스타일이라는 말을 정말 많이 들었다.

LG에서 자동차 사업을 계속하며

2000년 10월 말 대우자동차를 사직하였다. 사직 이후 한 달 만인 12월에 LG CNS(당시는 LG EDS)에서 새 둥지를 틀게 되었다. 한국과학원의 같은 과 동기인 김대훈 상무(후일 LG CNS 사장)의 추천으로 옮기게 되었다. 자동차 관련 일은 두 번 다시 안 하리라 생각하고 자동차와 무관한 곳으로 옮긴 것이다. 그런데 무슨 팔자인지 이곳에서 자동차를 계속하게 되었다. 그 시작은 이러하였다.

2001년 1월 LG상사에서 연락이 왔다. 말레이시아에 프로톤이라는 국영 자동차사가 있다. 이곳에 포스코 철강과 같은 제품을 상사가 납품하고 싶지만 자동차를 잘 모르니 현지에 와서 연구소장에게 프레젠테이션을 한번 해달라는 요청이었다. 요청 사항이 구체적이지도 명확하지도 않았다. 그래서 자동차란 이렇게 개발하는 것임을 알려주기 위해 준비했다. 대상은 연구소장과 주요 개발자들이었다. 발표 시간은 1시간 정도를 예상하고 현지에 출장을 갔다. 그런데 발표하고 보니 예상보다 질문도 많았고 발표 후 얼마 지나지 않아 연구소장 지시로 더 많은 사람이 참석해 발표장 분위기가 뜨거워졌다.

발표는 예상보다 길어져 2시간을 훌쩍 넘기게 되었다. 마무리하려 하니 연구소장이 런칭을 앞둔 차량이 있으니 한번 보고 가라 해서 공장에 갔다. 생산을 담당한 임원이 차량을 보여주는데 한눈에 봐도 생산자의 고충을 느낄 수 있었다. 설계가 잘못되면 생산 현장이 고생하는 법이다. 그래서 몇 가지를 지적하였다. 놀라는 분위기였다. 그러고 나서 연구소장으로부터 저녁 식사를 같이하자고 전갈이 왔다.

저녁 식사를 하면서 계속 자동차 개발에 관한 이야기를 하였다. 매우 우호적인 분위기 속에서 식사를 마치고 헤어지는데 연구소장이

2007년 말레이시아 파견 직원 가족과 함께

나에게 개발을 아웃소싱하면 얼마에 하겠냐고 물었다. 사실 요청 범위가 명확하지 않았기에 참으로 애매한 질문이었다. 내 경험에 따라 그들의 요구는 이럴 것이라는 가정하에 금액을 제시하였다. 놀라는 분위기였다. 그리고 헤어지면서 나는 의례적으로 그들을 한국에 초청하였다.

귀국하여 며칠 지나니 상사 법인장으로부터 연락이 왔다. 2월에 연구소장이 CEO를 대동하고 우리 회사를 방문하겠다는 것이다. 아무것도 없는데 큰일이었다. 그래서 급조하기 시작했다. 영어를 잘하고 CAD 시스템을 다룰 수 있는 직원을 수배하고 LG CNS 부평연구소 뜰에 자신 있게 설명할 수 있는 레간자와 마티즈와 LG화학의 몇몇 부품을 전시하였다.

연구소장 일행이 방문했을 때 프로톤 CEO 앞에서 다시 발표하였다. 그리고 발표 말미에 혹시 나에게 당신 회사의 신차 개발을 의뢰하면 동남아시아 최고의 차를 만들어주겠다고 참으로 어처구니없

에필로그 255

프로톤 신차발표회장에서 역대 수상 마하티르(위), 바다위(아래)와 함께

는 말을 했다. 어디서 들은 스토리 아닌가? 정주영 스토리이다. 나와 내 작품 레간자 등 대우자동차를 보시고 믿고 맡기면 그때부터 조직을 구성하고 인력을 수배해서 하겠다고 말했다. 그런데 이게 통했다. CEO는 내 눈을 뚫어지게 쳐다보았고 전폭적인 신뢰를 보냈다. 그리고 그 짧은 여정에 떠나기 전 계약을 맺었다. LG CNS로서는 해외 사업 최대의 계약이 되었다. 그룹도 걱정이 되었던 모양이다. 후일담이지만 당시 LG CNS 사장이 그룹에 불려 가 정말 문제없겠는가 하는 의구심을 전해 받았다고 한다. 자동차 산업은 제품 하자 보증과 같은

책임 부담이 높은 사업이기 때문이다. 그러나 정작 정말 큰 걱정을 한 사람은 나 자신이었다.

당시는 1997년 IMF 외환위기 사태로 현대자동차를 제외한 국내 모든 자동차사가 파산하였다. 기아차, 대우차, 삼성차 모두 말이다. 그래서 개발자들이 쏟아져 나왔다. 내가 LG CNS로 이직했다고 소문 나니 대우자동차 부하 직원들 몇몇은 LG CNS로 이직하기도 하였다. 툭하면 퇴직자들이 내 사무실에 찾아와 갈 곳을 의논하곤 했다. 참 안타까운 실정이었다. 나로서는 최고의 기술을 가진 젊은이들이 이리저리 길거리를 헤매는 모습을 지나치기 어려웠다.

그러나 위기가 기회이다. 그래서 이들을 모으기 시작했다. 나에게 있어 동참의 조건은 단 하나 실력이었다. 그들 각자의 실력은 누구보다 내가 잘 안다. 대우자동차 출신 중심으로 인원을 급조하였다. 조직을 구성하고 나니 마음이 뿌듯했다. 실력 있는 자들로 멋지게 꾸며지는 게 아닌가. 그래서 멋진 결과물을 프로톤에 선사할 수 있었다. 매번 주요 개발 시점마다 프로톤 경영층에 보고하였는데 항상 만족하였다. 제품도 적시에 출시되었다. 프로톤 역사상 최초라 하였다. 그러고 나서 10년 넘게 프로톤의 여러 차를 개발하였다.

사실 자동차 엔지니어링 아웃소싱은 LG CNS의 한 팀에서 출발하여 사업부를 거쳐 독립된 자회사 V-ENS로 확대되었다. 2007년부터는 내가 V-ENS CEO로서 사업을 추진하였다. 말레이시아에서 평판이 좋았던지 말레이시아에 기반이 있는 일본 경차 메이커 다이하츠는 이를 주시하였다.

다이하츠는 도요타 그룹사로서 말레이시아에 100퍼센트 자회사인 페로두아를 운영하고 있었다. 항상 본사의 개발력이 부족해 고민

다이하츠사 세오 연구소장과의 장기 협력 계약

중이었고 스즈키사와 치열하게 경쟁하며 경차에서 시장 1위 자리를 다투고 있었다. 2007년 다이하츠 창립 100주년을 맞아 스즈키를 이기자고 슬로건은 내걸었건만 개발력이 턱없이 부족했던 상황이다. 그런데 말레이시아에서 LG CNS라는 엔지니어링 아웃소싱 업체가 활약하고 있다는 보고를 접하고 세오 연구소장은 한국에 차체설계 임원을 보내어 사실을 확인하도록 지시하였다. 그래서 우리 회사를 찾아온 이가 오가와라 엔지니어였다.

오가와라는 일본 특유의 엔지니어로서 매우 세심하게 우리의 실력을 점검하였다. 도면 리뷰를 하고 설계 직원을 인터뷰하였다. 그러고 나서 나에게 단도직입적으로 이러저러한 프로젝트를 맡기면 얼마에 어느 일정에 할 수 있겠냐고 물었다. 그는 내 대답에 흡족해하면서 귀국하였고 얼마 지나지 않아 나를 일본에 초청하여 계약을 맺었다. 나는 한 번도 일본에 영업한 적이 없다. 그들이 찾아온 것이다. B2B 영업은 이렇게 해야 한다. 실력을 갖추면 찾아다니는 영업이 아니라

V-ENS 사업과 성장

자동차 전문 Engineering Consulting 회사
V-ENS : VEHICLE - ENGINEERING AND SOLUTION

- Business start : May 2001(LG CNS)
- Foundation : Jan. 2004
- Revenue : $90 Million ('08)
- Employees : 550+ ('08)

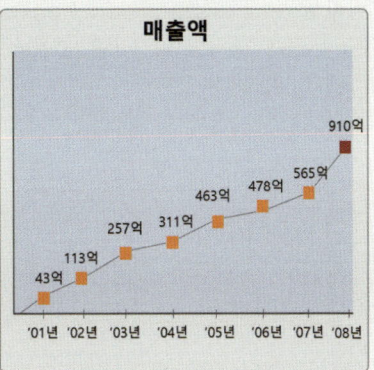

V-ENS 엔지니어링 아웃소싱 사업실적

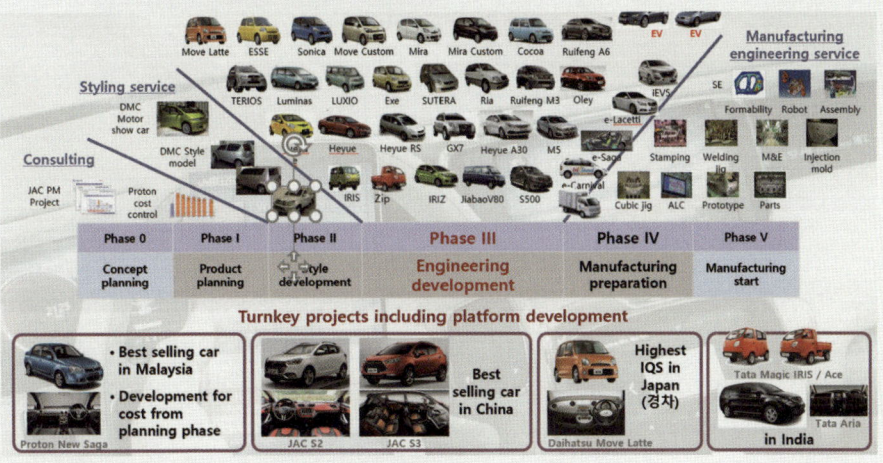

고객이 스스로 찾아오는 영업이 되는 것이다.

리먼브러더스 사태가 터지기 전까지 다이하츠의 차량을 여럿 개발하고 완료하였다. 그중에는 일본 최고의 품질로 선정된 경차 무브 라떼도 있다. 아마도 토요타 그룹 역사상 턴키로 엔지니어링 아웃소싱을 맡긴 회사는 V-ENS가 유일할 것이다. 세오 연구소장과의 인연은 계속되어 내가 LG전자의 사장으로 있을 때도 우리 직원의 설계 자문 역할을 맡기었다.

엔지니어링 아웃소싱 회사였던 V-ENS는 2001년부터 2013년 7월 LG전자에 통합되기 전까지 전 세계 여러 회사의 차량을 개발하는 데 일조하였다.

LG의 신성장 동력 미래차 사업

나는 2007년부터 V-ENS CEO로 일하면서 걱정이 쌓였다. 2001년 사업을 시작한 이래 매년 30퍼센트 이상의 고도성장을 지속하였지만 불길한 예감이 들었다. 중국과 말레이시아에서 우리와 비슷한 엔지니어링 아웃소싱 업체가 생기는가 하면 주요 고객인 프로톤, 다이하츠, 중국의 강회기차가 점차 아웃소싱을 줄이기 시작하였다. 그간 가격 경쟁 없이 기술로 승부하였는데 점차 가격 경쟁으로 옮겨가는 양상이 엄습하고 있었다. 러시아와 인도 등으로 시장을 다각화하였지만 감이 좋질 않았다. 그런가 하면 전기차와 수소차 등 미래차에 대한 변화가 예고되고 있었다.

엎친 데 덮친다고 2008년 상반기 LG그룹은 V-ENS를 매각하기로 하였다. 모회사인 LG CNS와 연계성이 적다는 이유였다. 이를 수용하기가 어려웠다. 그래서 나는 지주사인 ㈜LG의 V-ENS 담당 임원을 통해 지주사 COO의 V-ENS 내방을 건의하였다. 명분은 그룹 신

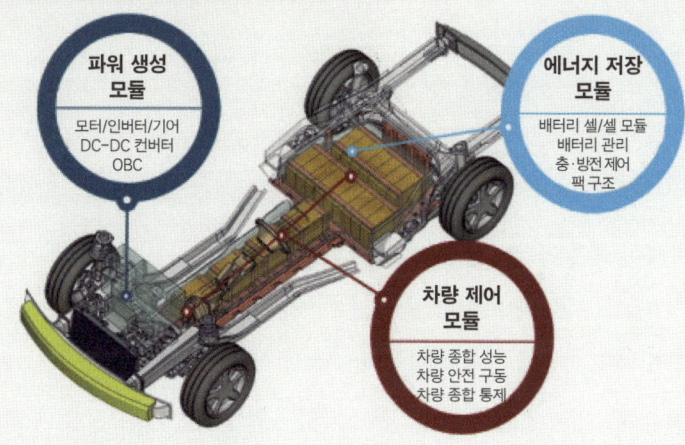

2008년 비스타 프로젝트 설명 자료

수종 사업 발굴에 아이디어가 있으니 발표 기회를 달라는 것이었다.

며칠 후 COO는 두 상무를 대동하고 내방하였다. 나는 전기차로 변할 자동차 산업을 설명하였고 LG그룹이 갖는 기회 요소를 열심히 피력하고 설득하였다. 지금이야 전기차 하면 누구나 끄덕이지만, 그때만 해도 전기차에 대한 가능성은 그 누구도 자신 있어 하질 않았다. 마침 당시 그룹은 미래를 담보할 신수종 사업을 발굴하고 있었다. 그는 내 발표에 관심을 표하고 7월 말 그룹 본사에서 다시 발표하라 지시하였다. 그때 발표한 장표 중 하나가 〈2008년 비스타프로젝트 설명 자료〉였다.

그룹의 더 많은 참모가 내 발표를 들었다. 그러고 나서 그룹은 일단 V-ENS 매각을 보류하고 LG CNS를 거치지 말고 그룹에 직접 보고하는 체계(상·하반기 회장님께 보고하는 시스템)를 갖추도록 결정하였다. 그때 탄생한 전기차 프로젝트가 바로 비스타였다. 전기차를 직접 제작하되 그룹 역량을 총동원하는 프로젝트였다. 프로젝트 리더는 나였다. 참석 멤버는 LG전자 CTO와 모터 개발 임원, LG화학의 연구개발소장과 배터리연구소장, ㈜LG COO와 전략 담당 임원, V-ENS 실무 임원이었다.

LG그룹의 가용한 부품을 총망라하여 전기차를 제작하였다. 차량은 제너럴모터스의 라세티를 개조하여 제작하였다. 다행인지 불행인지 모르겠지만 비스타 프로젝트를 수행할 당시 리먼브러더스 사태로 세계적 불황이 엄습해 V-ENS 사업이 어려워졌다. 아무래도 불황때는 아웃소싱을 제일 먼저 줄이기 때문이다. 그래서 남는 잉여 인력으로 비스타 프로젝트에 매진했다.

2010년 2월 1호차가 제작 완료되었다. 전기차의 색다른 매력을

2009년 비스타 프로젝트 및 가산동 사무실 오프닝 기념 사진

그룹 최고경영층이 체험할 기회를 만들었다. 경기도 화성에 있는 한국자동차연구원 주행시험장에서 실주행하면서 막 태동한 테슬라의 전기차 로드스타와 비교 시승할 수 있게끔 준비하였다. 며칠에 걸쳐 운영하였는데 그룹의 모든 부회장님은 물론 주요 임원들이 시승하였다. 사실 대기업에서 신사업 추진은 외부 고객을 설득하기보다 훨

비스타 1호차 제작을 기념하며 직원과 함께

썬 어려운 일이다.*

　미래의 신수종 사업으로 가능성을 타진하는 비스타 프로젝트는 성공하였으나 그룹에게 또 다른 고민을 가져다주었다. 분명 전기차의 가능성이 크다는 것을 확인하였고 그룹의 기존 사업과 연관성이 높다는 것도 인정하였다. 그런데 어떻게 사업화하고 펼쳐 나갈지에 대한 고민은 여전하였다. 또 다른 도전이 시작된 것이다.

　그래서 전기차를 직접 제작할 고객을 찾기 시작하였다. 어차피 LG그룹은 자동차를 직접 제조할 생각은 없었고 부품을 팔 생각이었기에 고객이 필요했다. 그래서 여러 회사를 찾아다니면서 '전기차의 미래와 LG의 준비 상황'을 소개하였다. 현대자동차는 수소차에 꽂혀 있었던데다가 혹시나 LG가 자동차 산업에 진출하는 것 아닌가 하는 의구심이 있던 터라 불필요한 자극을 피하기 위해 애초에 리스트에

---

* 참고로 해당 라세티 개조 전기차는 제너럴모터스에 15대를 팔았고 제너럴모터스는 이를 활용해 2010년 11월 서울에서 개최된 G20 서밋 행사에서 시승 전시회를 가졌다

LG그룹 경영층의 비스타 차량 시승회

서 제외하였다. V-ENS와 관련이 있는 프로톤, 다이하츠, 강회기차, 라세티 전기차 비스타를 경험한 제너럴모터스를 설득하기로 했다. 실제로 프로톤은 엑소라를 전기차로 개조하여 마하티르 수상도 시승하였다. 그런데 다행히 제너럴모터스에서 반응이 왔다. 돌이켜보면 하늘이 주신 행운이었다. 제너럴모터스가 당시 파산한 상태였기 때문이다.

파산한 제너럴모터스의 최고경영층인 회장과 부회장은 제너럴모터스 내부 출신도 아니고 자동차 전문가도 아니었다. 그래서 그들은 LG의 신선한 제안에 귀를 기울인 것이다. 그렇지 않았다면 과거 거만하기로 정평이 난 제너럴모터스가 자동차부품 사업에서 잘 알려지지 않은 LG의 제안을 들었을 리가 만무하다. 자존심의 추락과 동시에 새로운 경영층에 의한 기존 관행의 파괴가 우리를 도운 것이었다.

2010년 1월 제너럴모터스 워런테크센터Warren Tech Center에서 고급 간부 엔지니어들에게 프레젠테이션을 직접 했다. 반응은 호의적으로

제너럴모터스에서 발표를 마치고 나서

변했다. 그들은 발표 내내 경청하였다. 사업이 구체화되고 양 그룹 간 계약이 성사되었다. 전기차 볼트 프로젝트가 탄생한 것이다. 지금도 상상해본다. 만일 프로톤, 다이하츠, 장화기차가 해당 제안을 수용하였더라면 어떻게 되었을까? 만일 제너럴모터스가 파산하지 않았더라면 과연 LG의 제안을 수용하였을까? 과연 당시 LG가 전기차 제안을 안 했다면 지금의 제너럴모터스는 어찌 되었을까?

2011년 8월 디트로이트에서 계약식이 있었다. LG를 대표해서 내가, 제너럴모터스를 대표해서 당시 CTO였던 메리 바라 Mary Barra(지금의 제너럴모터스 회장)가 서명했다. 당시 제너럴모터스의 파워트레인을 총괄하였던 댄 핸콕 Dan Hancock(계약식 사진에서 뒤쪽 왼쪽 맨 끝)은 정년을 곧 앞두고 있었는데, 그가 한 말이 아직도 기억에 남는다.

"나는 평생 엔진과 미션의 파워트레인 개발을 총괄하였다. 내가 마지막 하는 계약이 파워트레인을 없애는 것이 될 줄이야!"

제너럴모터스 내부적으로는 볼트 프로젝트 코드명이 BEV2이다.

제너럴모터스와 LG 그룹 간 워크숍

2세대 순수 전기차라는 뜻이다. 이는 1996년 제너럴모터스가 출시한 전기차 EV1을 기억하기 위함이다. 어찌 보면 전기차의 상업화를 제너럴모터스가 최초로 시도하였다는 자부심의 표현이기도 하다. 볼트는 제너럴모터스를 변화시킨 기폭제가 되었다. 제너럴모터스는 볼트$_{Bolt}$ 이전에도 기술로 자랑하는 하이브리드차 볼트$_{Volt}^*$가 있었다. 그러나 그들은 볼트$_{Bolt}$의 시작차를 제작하고 나서 확실히 느끼고 변했다. 순수 전기차의 미래를 통감하고 화끈하게 달라졌다. 미련과 집착 없이 V볼트 개발을 과감히 포기하였다. 즉시 전동화 시대를 대비하기 시작하였다. 2018년 11월 제너럴모터스는 전 세계 7개 공장을 폐쇄하고 미국에서 6,000명 이상 감축하며 15퍼센트의 인원 구조조정(경영진은 25퍼센트)을 단행하면서 완전한 전기차 회사로 탈바꿈하고 있다. 새로운 3세대 전기차 플랫폼 BEV3를 사용할 23개 차종을

---

* 발음이 볼트$_{Bolt}$와 유사하여 회사 내부에서는 V볼트라 칭함

2011년 8월 제너럴모터스 LG 간 전기차 개발 계약식

볼트 양산부품 출하식

2023년까지 출시할 예정이다.

이처럼 제너럴모터스의 역사를 바꾼 계기가 된 볼트 프로젝트가 LG와의 협업, 어찌 보면 LG의 선제안으로 시작되었다는 데 큰 자부심을 느낀다. 사실 해당 프로젝트는 재료비의 60퍼센트 이상을 LG가 공급하도록 한 데다 경쟁 없이 수의계약을 맺은 매우 이례적인

볼트 사양과 LG 부품들

사건이었다. 그만큼 제너럴모터스는 물론 LG에도 중요한 의미를 갖는 프로젝트였다. 이를 계기로 LG는 그룹의 중점 사업으로 전기차를 중심으로 한 미래차 부품 사업에 본격적으로 진출하였다.

나가면서

리듬을 타라

집필을 마무리하며 끝맺음을 무엇으로 할까 생각하다 나의 인생에 가장 큰 영향을 미친 아버님을 생각하며 써보기로 하였다. 살아 계셨다면 이 책이 나왔을 때 가장 기뻐하셨을 것이다.

아버님은 평양 태생으로 고등학교 3학년 때 한국전쟁을 겪었다. 당시 이북에서 가장 명문인 평양제일보통학교를 다녔고 공부도 상당히 잘하였다고 한다. 그러나 전쟁은 이 젊은이의 미래를 송두리째 바꿔놓고 말았다. 공부보다는 타고난 재능인 음악에 의존해 여생을 살도록 만들었다. 1.4 후퇴 때 월남하여 국군 군악대에 입대하였다. 제대 후에는 여러 학교의 음악 선생으로 전전하였다. 특히 대동상업고등학교 브라스 밴드부를 국내 최고의 위치에 자리매김하도록 지도하였다.

워낙 음악에 천부적 재능을 가진 분이었기에 우리 집에는 항상 음악이 흘렀다. 아버님은 음악을 정식으로 배우진 않았지만 타고난 재

이승만 대통령 내외분 앞의 국군 군악대 앞줄 큰 키가 아버님(좌)과 트럼펫을 부는 군악대원 아버님(우)

브라스 밴드를 지휘하는 아버님(좌)과 수상식 모습(우)

능으로 웬만한 악기를 스스럼없이 다루었다. 청음聽音 또한 남달라서 어떠한 음악도 그 자리에서 악보로 그려내는 재주가 있었다. 중요한 것은 음악을 좋아했다는 것이다. 소싯적 중고등학교 밴드반 내지는 군악병 시절에는 트럼펫을 불었다는데 나이가 40을 넘어서는 전자 오르간, 우쿨렐레, 아코디언 등을 연주하곤 했다.

 내가 대학교에 입학하던 해인 1975년의 부모님 결혼기념일에 아버님은 어머님이 쓰신 글을 바탕으로「우리의 집」이라는 가가家歌를 작곡하였다. 이도 매우 우연한 일이었다. 내가 아버님에게 개인적으로 제안하니 그 자리에서 즉흥적으로 작곡하였다. 당시는 전자 오르간이 막 보급되던 시절이었다. 아버님은 전자 오르간을 두드리며 작

가가家歌 「우리의 집」. 편곡은 내 처가 하였고
악보는 아버님이 그렸다

곡하였다. 순간의 결심과 작업이 이제는 우리 집안의 큰 기둥같이 자리 잡고 있다.

아버님이 영면하고 영전에 무엇을 하면 좋을지 가족과 의논할 때였다. 모두가 만장일치로 「우리의 집」 노래 악보로 결정하였다. 아버님이 자손에게 물려주신 가장 큰 유산이 바로 「우리의 집」 노래가 되었다. 작사는 어머님이 하였다. 이 노래 안에 부모님의 가족에 대한 사랑이 가득 담겨 숨쉬고 있다.

내가 연애할 때의 일이다. 아버님께서는 내 애인이 작곡을 전공했다고 하니 「우리의 집」 악보를 주면서 피아노 연주곡으로 편곡해보라는 난감한 주문을 하였다. 나는 할 수 없이 우리 집의 음악 분위기를 설명하고 편곡을 부탁하였다. 그녀는 일주일 이상을 씨름하면서 미래의 시아버지에게 음악적 재능을 테스트받는 기분으로 심혈을

우리 집의 휘파람 신호

기울여 피아노곡으로 편곡하였다. 아버님은 이를 보고 매우 기뻐했고 며느릿감의 음악적 재능과 더불어 음악을 통한 색다른 소통과 순수함에 뿌듯해했다. 그 애인이 지금의 내 아내이다.

이뿐만이 아니다. 우리 집에는 신호 휘파람이 있다. 퇴임하고 나서 2019년 2월 아내와 남미 여행을 갔을 때의 일이다. 아르헨티나 부에노스아이레스의 보카 마을의 한 전통 시장에서 그만 아내를 잠시 잃어버렸다. 이럴 때 우리 집안은 우리 집만의 휘파람 신호를 보낸다. "도-레미도 레-도-"

이 또한 아버님께서 만든 휘파람 신호이다. 아버님께서 어머님과 연애할 당시 창밖에서 어머님을 불러낼 때 보낸 휘파람 소리라 한다. 음악은 항상 우리 집안의 일상에서 살아 움직였다. 미국 유학 시절 하루는 아버님과 대형 몰에 갔다. 그런데 아버님이 갑자기 안 보여서 찾았더니 악기점에서 방금 나온 최신 전자 오르간을 시험 연주하여 주위를 놀라게 한 적도 있다.

여하튼 이러한 음악적 가풍은 나의 경영 활동에도 큰 영향을 미쳤다. 아버님이 늘 하던 말씀이 "음악의 3요소는 멜로디, 리듬, 하모니이다. 이를 명심하고 인생에도 투영하라."라는 것이다.

나에게 인생의 멜로디는 자동차였다. 나를 아는 거의 모든 이는 '이우종' 하면 자동차를 생각할 것이다. 멜로디가 확실해야 기억에 남고 명곡이 된다. 마치 베토벤의 「교향곡 5번 운명」이 "미미미 도-

레레레 시-"라는 멜로디로 확실히 각인되듯이 말이다. 멜로디가 확실하지 못하면 차별화가 불가능하다. 멜로디의 중요성을 인식해 회사 생활에서는 늘 연구개발 분야와 연을 놓지 않았다. 확실한 주제 발굴은 연구개발에서 나오기 때문이다. 물론 마케팅, 영업, 생산, 구매 등 다른 분야도 그 어느 것 하나 중요하지 않은 게 없지만 그래도 사업의 중심은 연구개발을 확고히 해야 바로 설 수 있다. 개인적으로는 이렇게 차별적 멜로디를 찾아 부단히 노력한 결과가 아마도 전기차에 선도적으로 뛰어든 것으로 생각한다.

리듬의 중요성은 조직의 규율과 시스템, 나아가서는 문화에 대한 중요성을 잊지 않게 하였다. 특히 기업문화는 무엇과도 바꿀 수 없는 자산이라 생각한다. 국악에서 보듯이 우리에게는 굿거리, 자진모리, 중모리, 휘모리 등 세계적 장단이 있다. 가까운 예로서 월드컵에 나왔던 "대-한민국"이라는 구호는 부점이 있는 차별적 장단이다. 외국인은 잘 못 한다. 중국의 단순한 리듬의 구호 "짜요"와는 격이 다르다.

기업문화는 축적의 산물이다. 내가 LG전자에서 자동차부품 사업을 시작하며 강조한 것이 바로 자동차 산업의 고유한 생태계 리듬을 타자는 것이었다. 1월에 열리는 미국의 가전쇼 국제전자제품박람회, 디트로이트 모터쇼, 그리고 4월에 열리는 중국 모터쇼, 9월에 열리는 독일 모터쇼라는 산업계 고유의 리듬을 활용하는 지혜가 필요하였다. 그래서 LG전자의 상품 개발 리듬을 이에 맞게 정립하고 이를 비스타 테크데이 행사로 정립하였다. 우리만의 리듬이지만, 전 세계 자동차사의 리듬과 공조한 것이다. 고객인 자동차사의 경영층이 움직이는 동선이 자연스럽게 우리의 개발 활동과 연계되도록 조율하였다. 사실 LG전자 인천캠퍼스 위치 선정도 이에 근거한 것으로 공항과 인접하여 부담 없이 방문하는 계기를 마련하였다. 아무래도 자동차 최대 시장인 중국의 영향으로 중국 출장이 많은 고객사를 고려하여 부담 없이 우리 회사를 방문할 수 있도록 꾀를 낸 것이다. 그 덕택에 중국 모터쇼와 연계해 세계적 자동차사의 최고경영층이 인천캠퍼스에 마련한 전시관 '이노베이션홀Innovation Hall'에 방문하는 일정이 자연스럽게 운영되었다. 마치 자동차 산업계에 동방의 성지순례 코스와 같이 자리매김한 것이다.

 리듬을 타면 힘을 들이지 않고도 나아갈 수 있다. 물론 이러한 리듬은 고객이 중심에 있지만 그에 못지않게 중요한 게 우리 내부의 리듬이다. 이것이 고객의 리듬과 조화를 이루어야 한다. 이러한 산업계의 리듬을 이해하고 활용하는 조직문화를 형성하는 가장 쉬운 방법은 역시 리더의 솔선수범이다. 그러하기에 경영층 간의 TMM_{top Management Meeting}을 예민하게 그리고 리듬 있게 운영하는 비결이 필수적이다. 이 모두가 생태계의 리듬을 자기 편으로 하려는 활동이다. 경영이란 업계의 리듬에 맞추되, 이를 선도하도록 조직문화를 조성하고 리더가 솔선하여 장단을 불어넣는 것으로 생각한다. 이러한 측면에서 나는 LG그룹이라는 문화 속에서 구본무 회장님과 구본준 회장님을 모시고 마음껏 장단을 구사할 수 있었음에 정말 감사할 뿐이다. 이를 포용하고 펼칠 수 있는 기업문화에 속해 있음은 신이 주신 선물이었다.

 마지막으로 하모니의 중요성이다. LG전자에 있을 때 다른 기능 조직, 예를 들면 연구개발이나 생산, 구매, 품질 등과 늘 한몸처럼 하모니가 유지되도록 예민하게 조정하였다. 으뜸화음을 구성하는 도, 미, 솔의 역할이 서로 다르듯 구성원의 역할과 위상을 조율하는 데 전력을 다하였다. 계열사와의 업무 공조도 늘 우선시하여 하모니가 깨지는 일이 없도록 하였다. 그러려면 남의 목소리를 들어야 한다. 비단 조직 내부만이 아니라 고객의 목소리는 더욱 세심히 들어야 한다. 고객의 고충점Pain Point을 이해하고 이를 한발 앞서 해결하는 솔루션을 제공하며 경쟁력을 쌓아야 한다. 그것도 실물로 제작하여 고객에게 누구보다 먼저 제안하는 활동이 연구개발과 영업의 중심이 되어야 한다. 단순히 고객의 제안요구서RFQ, Request For Quotation를 받아 대응하는 영업은 누구나 할 수 있는 하수의 방법에 불과하다. 그래서 고객의 목소리를 청취하는 자세는 음악의 하모니를 연상하면 된다. 자기 목소리의 높낮이와 세기를 고객에 맞춰야 한다.

음악의 3요소인 멜로디, 리듬, 하모니가 완벽한 곡이라도 이를 연주하는 이가 시원치 않으면 소용이 없다. 결국 음악을 표현하는 주체는 연주자다. 경영의 핵심도 사람이다. 그리고 멋진 연주자 뒤에는 엄청난 훈련과 육성이 늘 있게 마련이다. 나 개인적으로는 대우그룹 육성 프로그램의 혜택을 단단히 본 사람이다. 해외 연수 박사과정 프로그램 1호 수혜 박사이다(사실 이 프로그램 기안자가 나이기도 하였다). 박사과정만이 아니라 석사과정도 당시 한국과학원(지금의 KAIST) 장학금을 전액 대우그룹에서 받아 이수하였다. 이러한 육성 프로그램의 혜택을 받으면서 실감한 것은 경영자의 장기적 안목이다. 더욱이 자동차 산업같이 호흡이 긴 산업에서는 육성에 대한 관점과 철학이 남달라야 한다. 후계자 육성도 자동차 산업은 달라야 한다. 제너럴모터스의 메리 바라Mary Barra CEO의 경력이 이를 잘 증명하고 있다.

나는 일생 가는 곳마다 육성의 중요성을 놓지 않으려 했다. 특히 LG전자에서 미래차 사업을 추진하면서도 경쟁력의 근원이 IT 산업과 유사해지는 면이 있다. 하지만 그래도 육성에 대한 관점은 자동차 산업 고유의 일면을 잊지 않으려 했다. 마라톤과 같은 장거리 경주에 알맞은 인재는 단거리 육상 선수와는 다르게 육성되어야 한다. 그래서 나는 우직한 경영을 강조하였다. 단기성과에 일희일비하지 않고 묵묵히 뚜벅뚜벅 나아가는 소와 같은 횡보가 오히려 자동차 산업에는 적합하다. 물론 마라톤도 예전에 비해 엄청난 속도가 필요하게 됐다. IT나 소프트웨어 산업의 영향이 지대하기 때문이다. 그러나 뛰는 목표가 장거리임을 잊어서는 안 된다. 그 때문에 재직 시에 유독 우직한 경영을 강조하며 인재 육성에 정성을 기울이며 본부 전 직원을 대상으로 한 육성 과정을 개발하고 교육하였다. 비록 경영자는 언젠가 떠나고 바뀌겠지만 육성문화만큼은 지속하기를 바라며 퇴임사도 육성을 주제로 남기고 떠났다. 자본주의에서 기업이 존재하는 근원은 이익 실현이라 하지만 사회에 대한 가장 큰 책무이자 보람은 고용일 것이고 고용 이후 이들의 삶에 지속적 성장을 담보하는 것은 바로 육성이다.

 이 책에서 전한 미래차의 모습은 더 이상 미래를 위한 것이 아니다. 오히려 현재의 경쟁력에 초점을 맞춘 것이다. 그리고 이런 미래차에 대한 사업 전개와 추진도 역시 경영의 기본을 돌아보게 한다. 이는 음악의 3요소인 멜로디, 리듬, 하모니에 비추어 생각해볼 수 있고 결국 승부는 사람에 의해 결정될 것이다.

게임체인저 미래차가 온다

초판 1쇄 인쇄 2022년 3월 25일
초판 1쇄 발행 2022년 3월 31일

지은이 이우종
펴낸이 안현주

기획 류재운 **편집** 안선영 **마케팅** 안현영
디자인 표지 최승협 본문 장덕종

펴낸 곳 클라우드나인 **출판등록** 2013년 12월 12일(제2013-101호)
주소 우)03993 서울시 마포구 월드컵북로 4길 82(동교동) 신흥빌딩 3층
전화 02-332-8939 **팩스** 02-6008-8938
이메일 c9book@naver.com

값 18,000원
ISBN 979-11-91334-66-1 03320

* 잘못 만들어진 책은 구입하신 곳에서 교환해드립니다.
* 이 책의 전부 또는 일부 내용을 재사용하려면 사전에 저작권자와 클라우드나인의 동의를 받아야 합니다.
* 클라우드나인에서는 독자 여러분의 원고를 기다리고 있습니다.
  출간을 원하시는 분은 원고를 bookmuseum@naver.com으로 보내주세요.
* 클라우드나인은 구름 중 가장 높은 구름인 9번 구름을 뜻합니다. 새들이 깃털로 하늘을 나는 것처럼 인간은 깃펜으로 쓴 글자에 의해 천상에 오를 것입니다.